**Kohlhammer**

# Brennpunkt Schule

Herausgegeben von

Norbert Grewe
Herbert Scheithauer
Wilfried Schubarth

Bernd Ahrbeck

# Inklusion

**Eine Kritik**

2. Auflage

**Verlag W. Kohlhammer**

2. Auflage 2014

Alle Rechte vorbehalten
© W. Kohlhammer GmbH, Stuttgart
Gesamtherstellung: W. Kohlhammer GmbH, Stuttgart

Print:
ISBN 978-3-17-028779-2

E-Book-Formate:
pdf:  ISBN 978-3-17-028780-8
epub: ISBN 978-3-17-028781-5
mobi: ISBN 978-3-17-028782-2

# Inhalt

# Einleitung

Die Inklusion gilt zu Recht als ein allseits akzeptiertes Ziel, wer würde dem widersprechen. Sie soll dazu führen, dass die gesellschaftliche Zugehörigkeit und Teilhabe von Menschen mit Behinderung gestärkt wird, sich ihre individuellen Entfaltungsmöglichkeiten verbessern und persönlichen Lebensperspektiven erweitern. Eine erhöhte Akzeptanz und Anerkennung behinderter Kinder, Jugendlicher und Erwachsener ist dazu ein wichtiges Mittel. Es kann nur begrüßt werden, wenn zukünftig auch schulisch mehr Gemeinsamkeit von Kindern mit und ohne Behinderung gelingt. Doch das darf nicht bedingungslos geschehen und unter allen Umständen als der ausschließlich richtige Weg gelten.

Die Erwartungen und Ansprüche, die sich an die Inklusion richten, sind immens. Sie soll im Idealfall dafür sorgen, dass eine schulische Gemeinsamkeit entsteht, die sich auf unterschiedlichsten Ebenen als ertragreich erweist. Vom Gemeinschaftsleben wird erwartet, dass es für alle Beteiligten gewinnbringend, persönlich und sozial gleichermaßen bereichernd ist. Auf der Leistungsebene sollen alle Schüler profitieren aufgrund eines optimierten Lernalltages, der jedem Kind zugutekommt – von den Begabtesten bis zu den Leistungsschwächsten. Die chancengleiche Teilhabe für Menschen mit Behinderung und allgemeine Bildungsgerechtigkeit sind weitere Ziele, die inklusiv, so das Versprechen, besser als an anderen Orten erreicht werden können. Dem liegt die Erwartung zugrunde, dass die Förderung von Kindern mit Behinderung nunmehr auf einem höheren Niveau erfolgt als es spezielle Einrichtungen und Settings vermögen. In einem sozial-politischen Sinne wird die inklusive Schule nicht selten als ein Vorläufer einer inklusiven Gesellschaft angesehen. Das ist wahrlich ein großes Programm: Mit einer Fülle einzelner Anliegen, die gemeinsam erfüllt werden sollen, ohne dass sie in einen grundlegenden, schwer auflösbaren Widerspruch zueinander geraten.

Viele der im Hintergrund stehenden Fragen sind allerdings ungeklärt, darunter auch solche grundsätzlicher Art. Sie beziehen sich auf die anthropologischen Begründungen und Fernziele der Inklusion, ihre erziehungswissenschaftliche Fundierung, den Entwurf praxistauglicher Konzeptionen bis hin zu Problemen der konkreten Umsetzung vor Ort. Der Spannungsbogen, der sich hier auftut, ist beträchtlich. Auf der einen Seite steht die Vorstellung, die Pädagogik müsse nunmehr auf ein gänzlich neues Fundament gestellt werden; auch deshalb, weil es der Inklusionsgedanke erzwingt, die Gesellschaft in ihrer gesamten Architektur neu zu überdenken. Den anderen Pol bildet die nüchterne Feststellung, dass es um die Bekräftigung und Vertiefung der bisherigen Integrationsidee geht. Es sei kein fundamental neues Anliegen entstanden. Insofern verwundert es nicht, dass keine auch nur annähernd konsensfähige Definition dessen vorliegt, was denn nun unter Inklusion zu verstehen sei.

Tonangebend in der öffentlichen Wahrnehmung wie in breiten Teilen des Fachdiskurses sind nur wenige Stimmen, die sich laut vernehmbar in Szene setzen. Sie repräsentieren vornehmlich ein radikales Inklusionsverständnis, ein »totales« und »holistisches«, wie Mathias Brodkorb (2014) es nennt. Ihr Anliegen vertreten sie nicht selten mit einem starken Sendungsbewusstsein und hohen moralischen Ansprüchen, die mitunter den Anschein erwecken, als sei jede Art von Widerspruch illegitim. Diejenigen, die sich mehr als nur punktuell kritisch äußern, geraten leicht in den Verdacht, grundsätzlich gegen Inklusion zu sein; mitunter werden sie sogar als »Inklusionsfeinde« gebrandmarkt.

Doch es gibt auch ein anderes Verständnis von Inklusion, ein »gemäßigtes« und »approximatives«, das bescheidener auftritt, das Bisherige stärker wertschätzt und Schritt für Schritt die Lebens- und Lernsituation von Kindern und Jugendlichen mit Behinderung verbessern möchte. Im Hinblick auf eine stärkere Partizipation und Teilhabe und vor allem auch dadurch, dass eine Förderung auf einem höheren Niveau als bisher ermöglicht wird. Es ist dabei von der nicht unberechtigten Sorge geleitet, dass eine unzureichend vorbereitete und fachlich unbedachte Auflösung spezieller pädagogischer Institutionen und Settings für die betroffenen Kinder zu mehr Nachteilen als Vorteilen führen kann. Gegenwärtig haben es die moderaten Stimmen vergleichsweise schwer, Gehör zu finden. Gleichwohl mehren sich die Anzeichen dafür, dass sich die Anfangs-euphorie, die den Inklusionsgedanken zunächst begleitete, langsam ihrem Ende entgegen geht.

Grundlegend stehen sich also zwei unterschiedliche Arten des In-klusionsverständnisses gegenüber. Sie unterscheiden sich im ange-strebten Reformtempo und – was noch wichtiger ist – darin, ob eine ungetrennte Gemeinsamkeit aller Schüler das ausschließlich gültige Ziel sein kann. Eine weitere zentrale Differenzlinie verläuft entlang der Frage, welcher Stellenwert der intraindividuellen und interin-dividuellen Leistungsbewertung eingeräumt wird. Die Akzeptanz oder (weitgehende) Ablehnung von Bildungsstandards ist dabei eine Kardinalfrage. Hinzu kommt eine unterschiedliche Bewertung der bisherigen sonderpädagogischen Förderkategorien. Während sie von gemäßigter Seite für unverzichtbar gehalten werden, möchten sie andere unter dem Stichwort der Dekategorisierung weitgehend, wenn nicht gar vollständig abschaffen.

All das sind keine akademischen Fragen. Faktisch erfolgen in al-len Bundesländern schulstrukturelle Veränderungen, teils in einem rasanten Tempo. So werden in den Stadtstaaten Bremen und Ham-burg Sonderschulen im Grundschulbereich in beträchtlichem Um-fang oder gänzlich aufgelöst, so dass die Mehrzahl der Schüler mit Behinderung innerhalb kurzer Zeit gemeinsam beschult wird. An-dere Bundesländer wie Sachsen gehen vorsichtiger vor, auch des-halb, weil sie ein (sonderpädagogisch) differenziertes System auf breiter Ebene beibehalten möchten.

Zunächst einmal scheint es eine weitgehende Übereinstimmung darin zu geben, dass die Inklusion ohne sonderpädagogisches Wis-sen, ohne sonderpädagogische Kompetenzen nicht gelingen kann. Ein solcher Konsens könnte sich jedoch als brüchiger erweisen, als der erste Blick verrät. Die Veränderungen, die für einige universitäre Ausbildungsinstitute angestrebt werden, setzen hierzu ein bedenkli-ches Zeichen. Bereits jetzt haben viele Studienstätten die sonderpädagogischen Schwerpunkte auf übergreifende Themen verlagert, die Fächervielfalt eingeschränkt und einzelne fachliche Schwerpunkte zusammengelegt. Andere werden dem folgen.

Nicht zu Unrecht stellt Andreas Hinz (2009) die Frage, ob die Inklusion einen veränderten Orientierungsrahmen für die sonderpädagogische Arbeit darstellt oder doch ihr Ende bedeutet. Diese Gegenüberstellung ist zugespitzt formuliert: Zu einer gänzlichen Aufgabe sonderpädagogischer Inhalte wird es sicherlich nicht kommen. Aber es ist sehr wohl möglich, dass sie zukünftig einen beträchtlichen Bedeutungsverlust erleiden werden. Für ein radikales Inklusionsverständnis dürfte das nur ein geringes Problem sein: Die Forderung nach einer weitreichenden Dekategorisierung sonderpädagogischer Begrifflichkeiten, die überzogene Relativierung verbindlicher Entwicklungsziele und eine latente oder offene Geringschätzung des Förderanliegens sprechen dafür. Die Gefahren, die daraus resultieren, sind offensichtlich: Der (sonder)pädagogischen Förderung droht ein Niveauverlust, für den ein hoher Preis zu entrichten ist, in aller erster Linie von den betroffenen Kindern selbst.

Die Inklusion kann im Spannungsfeld von Gleichheit und Besonderheit, allgemeiner und spezieller Förderung Schwerpunkte anders als bisher setzen. Die Paradoxien und Antinomien, die dem Erziehungs- und Bildungsgeschehen immanent sind, vermag sie jedoch ebenso wenig zu lösen wie alle vorangegangenen Reformen. Substantielle und beständige Fortschritte wird sie nur dann erzielen, wenn sie nicht mit Erwartungen, Ansprüchen und Hoffnungen überfrachtet wird, die sich bei realistischer Betrachtung als unerfüllbar erweisen. Insofern bedarf es Veränderungen, die mit Augenmaß erfolgen, und es ist wenig hilfreich, wenn die Inklusion als eine völlig neue Wirklichkeitsform gepriesen wird, als ein Olymp der Entwicklung (Wocken 2012, 72) oder gar als »Grenzstein [. . .] zum Übergang in eine neue Welt« (Dreher 2012, 30). Eine abgeklärte Betrachtung führt deshalb auch zu einem anderen Ergebnis: Die »pädagogische Welt wird [auch jetzt] nicht neu erfunden und man fragt sich [. . .], woher der frische Mut stammt, unter der Fahne der

Inklusion jetzt alle Probleme bewältigen zu können, die sich nach historischer Erfahrung bei allen Reformen als resistent erwiesen haben« (Tenorth 2011, 19).

# 1

## Zum gegenwärtigen Stand schulischer Inklusion

Die Ratifizierung der UN-Behindertenrechtskonvention hat dazu geführt, dass die einzelnen Bundesländer gravierende Veränderungen im Schulsystem anstreben und sie zum Teil bereits umgesetzt haben. Eine vermehrte gemeinsame Beschulung von Kindern mit und ohne Behinderung ist dabei das einvernehmliche Ziel. Eine spezielle Beschulung gilt nunmehr als im besonderen Maße begründungspflichtig, sie wird eher als Ausnahme denn als Regelfall angesehen. Sonderschulen wird es deshalb in Zukunft weniger als bisher geben, das ist sicher, und andere spezielle pädagogische Settings wohl auch.

Zwischen den einzelnen Bundesländern bestehen aber nicht unerhebliche Differenzen in der Frage, welche Rolle spezielle schulische Einrichtungen kurz-, mittel- oder langfristig spielen sollen. Einige Bundesländer setzen darauf, Schulen für Kinder mit einem Förderbedarf im Bereich des Lernens, der emotional-sozialen und sprachlichen Entwicklung schnellstmöglich aufzulösen, andere Sonderschulen sollen dem in absehbarer Zeit folgen – bis auf sehr wenige Ausnahmen. Andere Länder gehen moderater vor, indem sie eine schrittweise Reduzierung spezieller Schulen anstreben, ohne dass grundsätzlich auf sie verzichtet werden soll. Insofern unterscheiden sich die Bundesländer nicht nur im eingeschlagenen Reformtempo, sondern auch in den Vorstellungen darüber, wie die Inklusion pädagogisch verantwortlich, fachlich begründet und mit optimalen Erfolgsaussichten umgesetzt werden kann.

Bereits 1994 hatte die Kultusministerkonferenz empfohlen, dass ein spezieller Förderbedarf nicht mehr zwangsläufig zu einer Sonderbeschulung führen soll. Die Integration von Kindern und Jugendlichen mit Behinderung wurde zum vornehmlichen Ziel erklärt. Die sich daran anschließende Entwicklung ist von einer ganzen Reihe von Parametern abhängig, unter anderem davon, wie häufig ein Förderbedarf vergeben wird. Betrachtet man die letzten zehn Jahre, dann zeigt sich, dass die Förderquoten kontinuierlich angestiegen sind. Verantwortlich dafür sind vor allem Veränderungen in den Bereichen geistige, emotional-soziale und sprachliche Entwicklung. Im Schulbesuchsj-ahr 2010/2011 wurde mit einem Förderbedarf bei 6,3 Prozent aller Schüler der bisherige Höchststand erreicht (Dietze 2012, 26 f.) – das ist ein Wert, der international im Mittelbereich liegt (EADSNE 2012).

Damit einher geht eine leichte Steigerung der Sonderschulbesuchsquoten und eine stärkere bei einer gemeinsamen Unterrichtung. Da die Integrationsquoten im genannten Zeitraum aber nicht beträchtlich angestiegen sind, wird die Mehrzahl der Schüler mit sonderpädagogischem Förderbedarf nach wie vor an speziellen Schulen unterrichtet. Die Integrations- bzw. Inklusionsquote liegt im Schuljahr 2010/2011 bei 22,2 Prozent (Dietze 2012, 28), mit erheblichen Variationen zwischen den einzelnen Behinderungsarten und starken regionalen Unterschieden.

Der höchste Anteil integriert/inkludiert beschulter Kinder und Jugendlicher findet sich in den Bundesländern Schleswig-Holstein, Berlin und Bremen mit Werten zwischen 49,3 und 41,0 Prozent. Die geringsten Quoten weisen Niedersachsen, Hessen, Nordrhein-Westfalen und Sachsen-Anhalt auf, sie liegen zwischen 8,5 und 16,9 Prozent. Das ist der gegenwärtige Stand: Er geht auf unterschiedliche Integrationstraditionen in den einzelnen Bundesländern zurück und mischt sich mit den Folgen von Umsteuerungsprozessen, die bisher in Richtung Inklusion erfolgt sind.

Beachtet werden muss dabei, dass die genannten Quoten auf ungleichen Ausgangslagen beruhen. Die einzelnen Bundesländer differieren in ihren Förderquoten erheblich. Über den höchsten Wert mit 11,3 Prozent verfügt Mecklenburg-Vorpommern, gefolgt von Sachsen-Anhalt (9,7 %), Brandenburg (8,5 %), und Sachsen (8,4 %), die niedrigsten Quoten verzeichnen Rheinland-Pfalz (4,5 %) und Niedersachsen (4,8 %) (Dietze 2012, 26 ff.).

Die Gründe dafür sind vielfältig. Sie liegen zum einen in der soziographischen Zusammensetzung der Bevölkerung, die mit unterschiedlichen sozialen Belastungen einhergeht. Für die Genese von Lern-, Sprach- oder Verhaltensstörungen ist das ein bedeutendes Faktum, und auch bei körperlichen und Sinnesbeeinträchtigungen erweisen sich soziale Faktoren als nicht einflusslos. Insofern ist bereits aus diesem Grund mit Ungleichverteilungen zwischen den Bundesländern zu rechnen. Zum anderen spielen neben der Zusammensetzung der Schülerschaft auch allgemeine schulische Rahmenbedingungen eine wichtige Rolle: Unter anderem die Struktur des Schulsystems, die Verfügbarkeit von innerschulischen Beratungs- und Unterstützungsangeboten sowie von vor- und außerschulischen Hilfen. Die Gestaltung und Qualität der unterrichtlichen Praxis ist eine weitere wichtige Einflussgröße, die darüber (mit)entscheidet, ob sich bestimmte (schulische) Entwicklungsprobleme abmildern, verfestigen oder gar verschärfen. Unterschiedliche Bewertungsmaßstäbe und Diagnosepraktiken kommen als ein gewichtiger Faktor hinzu.

Um in diesem hochkomplexen Feld Zuordnungs- und Entscheidungsprozesse transparenter zu gestalten, wird vielfach gefordert, die Erhebung des Förderbedarfs solle objektiviert werden. Mit Hilfe stärker standardisierter Erhebungsverfahren und zum Teil auch dadurch, dass eine zentralisierte Diagnostik angestrebt wird, die schulunabhängig erfolgt. Länderspezifische und regionale Disparitäten könnten auf diesem Weg reduziert oder gar ausgeglichen werden, so lautet die dahinter stehende Erwartung und Hoffnung. Sie richtet ihren Blick zugleich auf die kontinuierlich steigenden Kosten, die mit den anwachsenden Förderbedarfen einhergehen.

Ganz sicher ist es ein lobenswertes Ziel, dafür einzutreten, dass diagnostische Entscheidungen transparenter werden. Einige regionale Disparitäten stechen ins Auge und es bedarf der Aufklärung darüber, warum sie so ausgeprägt existieren (Dietze 2011; Lehmann & Hoffmann 2009). Zweifel sind aber angebracht, ob der vorgeschlagene Weg zu einem gehaltvollen Ergebnis führt, einem solchen, das sich pädagogisch als tragfähig erweist. Ob ein Förderbedarf sinnvollerweise, das heißt zum Wohle des Kindes ausgesprochen wird, hängt in den allermeisten Fällen von einem komplexen schulischen und außerschulischen Bedingungsgefüge ab, in das unter anderem die soeben genannten Faktoren eingehen. Seit langem und zu Recht wird im Fachdiskurs davon ausgegangen, dass sich die Existenz einer Behinderung nicht mehr nur an der Person festmachen lässt. Äußere Rahmenbedingungen bedürfen gleichermaßen einer gezielten Aufmerksamkeit, damit eine behindernde Umwelt als eine solche erkannt und verändert werden kann. Die International Classification of Functioning, Disability and Health (ICF) bietet dazu ein bedeutendes, weithin anerkanntes Referenzsystem (Hillenbrand 2013).

Der sonderpädagogische Förderbedarf bedarf deshalb einer engen Anbindung an die schulische (und außerschulische) Lebens- und Lernsituation des Kindes, ohne ihre Berücksichtigung lässt er sich kaum adäquat formulieren. Die Herausnahme dieser diagnostischen Aufgabe aus dem Schulalltag muss deshalb kritisch gesehen werden. Ebenso wie der aus Schulverwaltungssicht verständliche, pädagogisch aber wenig fruchtbringende Versuch, über objektivierende Erhebungen zu vergleichbaren Kennzahlen zu gelangen. Sofern sie vornehmlich personenbezogen ermittelt werden, was naheliegt, verdunkeln sie den Blick auf ein hochkomplexes Feld, das eine solche Komplexitätsreduktion nicht erlaubt.

Bei der Betrachtung des Einzelfalles in seiner sozialen Einbindung sind dem Streben nach Objektivität Grenzen gesetzt. Diagnostische Bewertungen und Entscheidungen müssen plausibel und nachvollziehbar dargestellt werden, das ist eine Selbstverständlichkeit. Subjektive Sichtweisen und Bewertungen lassen sich dabei aber nicht gänzlich ausschließen und situativen Gegebenheiten kommt einiges Gewicht zu; jedes Kind ist in seiner individuellen Lebenssituation zu erfassen. Das oberste Ziel muss es sein, dass einem Kind die besten Entwicklungsmöglichkeiten eingeräumt werden – und diese sind nun einmal in ein persönliches Bedingungsgefüge eingebunden und von den Gegebenheiten vor Ort abhängig. Insofern kann es sehr wohl verantwortlich sein, wenn ein bestimmtes Kind einen sonderpädagogischen Förderbedarf erhält und ein anderes nicht, obgleich sich ihre objektiv beschreibbaren Daten ähneln oder fast identisch sind.

Aus diesen und den anderen bereits genannten Gründen ist es schwierig, die unterschiedlichen Förderquoten der einzelnen Bundesländer wertend zu vergleichen. Dazu gibt es zu viele ungeklärte Fragen: Soll ein häufig vergebener Förderbedarf als ein Indikator dafür gelten, dass bestimmte Schüler die ihnen gebührende Aufmerksamkeit erhalten? Werden sie deshalb besser gefördert? Oder wird eine entsprechende Diagnose zu schnell und leichtfertig erstellt? Zum Schaden der unnötig etikettierten Kinder oder gar, weil in erster Linie die schulische Ausstattung verbessert werden soll? Wird ein Förderbedarf deshalb vergleichsweise selten gestellt, damit Kinder vor einem Sonderstatus geschützt werden? Oder unterbleibt dadurch eine gezielte Hilfestellung, auf die manche Kinder dringend angewiesen sind? Die Reihe der Fragen ließe sich weiter ergänzen. Eine aussagekräftige Antwort darauf steht im Ländervergleich bisher aus.

Auch bedürfen die unterschiedlichen Integrations-/Inklusionsquoten der einzelnen Bundesländer einer sorgsamen Interpretation. Zunächst einmal scheinen die Bundesländer im Vorteil, die das grundlegend wünschenswerte Prinzip einer gemeinsamen Beschulung am stärksten umgesetzt haben. Sie sind am weitetesten auf dem Weg zur Inklusion fortgeschritten, so heißt es. Aber stimmt das wirklich? Allein der Umstand, dass gemeinsam beschult wird, erlaubt noch kein Urteil darüber, ob die damit verbundenen Ziele auch erreicht werden. Es sei denn, es gilt nur ein einziges Kriterium, das der Gemeinsamkeit aller, unabhängig von allen sonstigen Folgen. Stein warnt deshalb vor voreiligen Schlussfolgerungen: »Die in der Diskussion dominante, sehr schlichte Betrachtung von Integrationsquoten wird der Komplexität der Tatbestände nicht gerecht. Eine hohe Integrationsquote sagt noch nichts über die tatsächliche Integration bzw. die Qualität inklusiver Beschulung von Kindern und Jugendlichen aus« (Stein 2012, 191).

Von einem selbstverständlichen Gelingen darf hier ebenso wenig ausgegangen werden wie in anderen schulischen Organisationsformen – die Sonderschulen eingeschlossen. Wichtige Kriterien erfolgreicher schulischer Arbeit sind die soziale Einbindung eines Kindes in die Klasse, seine emotionale Befindlichkeit, die behinderungsspezifische Förderung und nicht zuletzt seine schulische Leistungsentwicklung. Kein System wird auf allen Ebenen zugleich eine optimale Lösung anbieten können. Es kommt deshalb darauf an, dass die genannten Ziele in einem ausbalancierten Verhältnis zueinander stehen. So, dass der größtmögliche Gewinn erzielt wird und die Nachteile gering ausfallen. Eine ideale Lösung wird es nicht geben: Die Anforderungen, die an die inklusive Schule gestellt werden, sollten sich daher im realistischen Rahmen dessen halten, was Schule vermag.

Ein Wettstreit zwischen den Bundesländern um die höchsten Inklusionsquoten ist aus den genannten Gründen nicht unproblematisch. So wünschenswert hohe Inklusionsquoten im Prinzip auch sind: Allein auf sich gestellt, führen sie nur zu begrenzt belastbaren Daten. Zumal dann, wenn politisch motiviert Umdefinitionen erfolgen, die es ermöglichen, dass spezielle pädagogische Settings in die Landesstatistiken nicht mehr als solche eingehen (vgl. Rauh, Laubenstein & Auer 2012, 24).

Für den innereuropäischen oder gar weltweiten Vergleich besteht die gleiche Problematik. Sie verschärft sich aber insofern, als die politischen, kulturellen, pädagogischen und institutionellen Rahmenbedingungen noch sehr viel stärker differieren. Hinzu kommt, dass der Behinderungsbegriff uneinheitlich definiert wird und sich die Erhebungsmerkmale erheblich voneinander unterscheiden (WHO 2011). So werden Kinder mit dem hiesigen Förderbedarf Lernen und emotional-soziale Entwicklung in einigen Staaten gar nicht gesondert als förderbedürftig ausgewiesen. Auch wirft die vergleichende Betrachtung von Schulsystemen einige Fragen auf.[1]

Dennoch ist unverkennbar, dass Deutschland im europäischen Raum eine besonders hohe Sonderschulbesuchsquote (4,3 %) aufweist, die nur noch von Belgien in beiden Landesteilen (5,5 %; 4,8 %) übertroffen wird. Ebenfalls hohe Werte finden sich in der Slowakei (3,8 %), in Lettland (3,7 %) und in den Niederlanden (2,7 %). Einer der Gründe dafür dürfte darin liegen, dass in vielen Ländern Kinder mit Behinderung schulisch deutlich weniger erfasst werden, wie etwa in Schweden, Luxemburg, Spanien, Italien oder England (EADSNE 2012, 37 ff.). In Bulgarien oder Rumänien sind die Beschulungsquo-

---

1  Dazu ein Beispiel: Japan verfügt über ein ausgeprägtes Gesamtschulsystem. Eine gemeinsame Beschulung gilt im offiziellen Selbstverständnis als Selbstverständlichkeit, sie geht entsprechend in die Statistiken ein. Faktisch sind die Verhältnisse komplizierter: Für viele Schüler ist inzwischen ein »System doppelter Beschulung« (Bude 2011, 28) entstanden. Die eigentlich relevanten Lernfortschritte werden in privat organisierten Abend-, Wochenend- und Ferienkursen angestrebt mit dem Ziel, die Starken weiter zu fördern. Eltern, die an einer guten Schulbildung interessiert sind, setzen erheblich Kräfte darin, ihren Kindern diese Möglichkeit zu eröffnen. »67 % der Achtklässler [besuchen] in Japan nach der Schule eine Ergänzungsschule« (Bude 2011, 28). »Die Mehrzahl der Schülerinnen und Schüler gehen mit dieser Paradoxie so um, dass sie sich auf dem privaten Bildungsmarkt höchster Anstrengung unterwerfen und auf der öffentlichen Schule Ruhe gönnen« (Bude 2011, 34).

ten behinderter Kinder extrem gering. In ihrer Mehrzahl gehen sie dort überhaupt nicht zur Schule (WHO 2011, 204).

Aber auch unterschiedliche Integrationserfahrungen spielen eine Rolle. Viele andere Länder verfügen über eine sehr viel längere Tradition der gemeinsamen Unterrichtung: Mit einem dementsprechend reichen Erfahrungsschatz, persönlichen Haltungen und pädagogischen Qualifikationen, die dieser Aufgabe zugute kommen. Insofern verfügen sie über einige Vorteile. Ob dies durchgängig für alle Länder mit hohen Integrations-/Inklusionsquoten gilt, sei dahin gestellt. Die gegenwärtige Forschungslage jedenfalls ermöglicht dazu keine klare Aussage. Die »Analyse vorliegender Forschungsliteratur« führt nämlich zu dem »eher nüchterne[n] Fazit, dass sowohl in der Historischen Pädagogik ›international vergleichende Untersuchungen in der Regel fehlen‹ (Lüth 2000, 100) als auch in der Vergleichenden Pädagogik ›die Erforschung der transnationalen Zivilgesellschaft im Bildungsbereich noch in den Anfängen‹ steht (Fuchs & Schriewer 2007, 146)« (Ellger-Rüttgardt 2013, 241).

Man sollte sich aber nicht täuschen: Auch die traditionell sehr integrationsbereiten und -erfahrenen, oftmals als Vorbilder angesehenen skandinavischen Länder verzichten nicht auf klassische Sonderschulen oder spezielle pädagogische Settings. Dazu Herz (2011, 33): »Eine inklusive Schulpädagogik und Kommunalpolitik scheint in den skandinavischen Ländern professionell umgesetzt zu werden; als Glanzlicht wird vor allem Finnland gepriesen. [Dabei] wird unterschlagen, dass Finnland 6 unseren Schulen für Erziehungshilfe entsprechende Sonderschulen [...] vorhält – eine Art Kleinstheimsonderschule –, 6 Kleinstschulen in der Kinder- und Jugendpsychiatrie [...] bestehen sowie 3 geschlossene Unterbringungen für etwa 30 – 40 Heranwachsende.« Das ist für ein so bevölkerungsschwaches Land keine geringe Zahl, zumal Finnland kaum über soziale Brennpunkte und nur geringe Migrantenquoten verfügt. In Finnland werden insgesamt 1,1 Prozent aller Schüler in klassischen Sonderschulen unterrichtet, darüber hinaus 2,7 Prozent in getrennten Spezialklassen in allgemeinen Schulen (EADSNE 2012, 21). Aufaddiert sind also 3,8 Prozent aller finnischen Schüler betroffen; von den deutschen Sonderschulquoten ist dies nicht weit entfernt.

An diesen Zahlen ist die besondere geographische Lage nicht unbeteiligt:»40% aller finnischen Schulen haben weniger als 50 Schüler, 60% haben weniger als sieben Lehrkräfte. Über 500 Schüler haben ganze 3% aller Schulen« (von Freymann 2002, 1). Den Möglichkeiten, ein gegliedertes Schulsystem einzurichten, sind bereits dadurch kaum überwindbare Grenzen gesetzt. Gleiches gilt für den Aufbau eines differenzierten Sonderschulsystems. Die Zahl der Schüler, die in speziellen Klassen unterrichtet wird, ist aber seit 1998 stetig angestiegen. »In 2008 upwards of 6,1% of the students in comprehensive schools were placed in special classes at least part-time. The legitimization of the separate special class system is strong. In opposition to inclusion, the official policy promotes early intervention as a main area of development. The high legitimacy and constant growth of segregates special education can be understood as a consequence of the individual funding model, teacher professionalism and the Finnish value system originating from the late modernisation of overall society« (Saloviita 2009, 1).

Schweden kennt nur wenige Sonderschulen, dafür aber Sonderklassen, wenngleich nur in recht geringem Umfang (1,4%; EADSNE 2012, 65). Allerdings hat sich die Zahl der Sonderklassen für Kinder mit geistiger Behinderung seit Mitte der 1990er Jahre fast verdoppelt (gegenwärtig: 1,5%; Barow 2011, 4). Ihre Existenz wird auch zukünftig nicht in Frage gestellt (Barow & Persson 2011, 22). Weiterhin bedeutet eine sogenannte integrative oder inklusive Beschulung nicht, dass alle Kinder tatsächlich gemeinsam unterrichtet werden; 2,3% bis 3,1% der schwedischen Grundschüler verbringen »mindestens die Hälfte ihres Unterrichts in gesonderten Lerngruppen« (Barow 2011, 4).

All das spricht nicht gegen die Integrations- und Inklusionsbemühungen der genannten skandinavischen Länder, wohl aber gegen eine Idealisierung oder gar Idolisierung der dortigen Verhältnisse. Institutionelle Differenzierungen werden auch in diesen Ländern vorgenommen, in einem nicht unbedeutenden Ausmaß, zwischen den Schulformen oder innerhalb der Gesamtschulsysteme. Von Freymann (2002) weist zudem darauf hin, dass sich die finnischen Schulen in ihrer fachlichen Ausrichtung und dem Unterrichtsniveau erheblich voneinander unterscheiden, sehr viel stärker als dies in Deutschland innerhalb einer Schulform der Fall ist.

Von der innerschulischen Struktur her mag das dortige Gesamtschulsystem vorteilhaft sein: Spezielle Settings können schneller eingerichtet, aber auch wieder aufgegeben werden. Diese größere Flexibilität kann dazu beitragen, dass pädagogisch gezielter und letztlich effektiver gearbeitet werden kann.

Allerdings sind dort die Grundlagen der pädagogischen Arbeit andere: Generell weisen die skandinavischen Länder im Allgemeinen auffallend hohe Quoten speziellen Förderbedarfs auf. In Finnland liegt er nach neuesten Angaben bei 8,3 % aller Schüler; zusätzlich erhalten 23 % der Kinder mit weniger gravierenden Lernproblemen eine zeitweilige spezielle Unterstützung (EADSNE 2012, 21) – mit entsprechenden Folgen für die Personalausstattung.

Diese kurzen Ausführungen müssen an dieser Stelle genügen: Sie belegen, wie komplex sich die bildungspolitische Situation in unterschiedlichen europäischen Ländern bereits auf den ersten Blick darstellt. Und sie signalisieren, dass Vorsicht geboten ist, wenn es um vergleichende Bewertungen geht (Bürli 2009). Im öffentlichen Diskurs über Schulsysteme und die schulische Inklusion finden sich voreilige Stellungnahmen jedoch immer wieder, auch in den als seriös geltenden Medien und oftmals auf einer weithin ungesicherten Datenbasis. Bedauerlicherweise ist auch die wissenschaftliche Fachdiskussion nicht gänzlich frei davon.

Ein Überblick über die weltweite Situation findet sich im WHO-Weltbericht Behinderung (2011). Für viele Entwicklungsländer besteht die primäre Verpflichtung darin, überhaupt für eine Beschulung zu sorgen, die alle Kinder umfasst, damit ein elementares Bildungsrecht garantiert werden kann. Das gilt sowohl für Kinder mit als auch ohne Behinderung. Insofern müssen schulische Strukturen häufig erst noch aufgebaut werden. Für diejenigen Staaten, die über gut ausgestattete Systeme verfügen, stellt sich eine andere

Aufgabe, nämlich die, eine stärkere gemeinsame Beschulung herbeizuführen. Insgesamt wird von der Weltgesundheitsorganisation für kein einheitliches Modell plädiert: »Die Anzahl der Kinder mit Behinderungen, die entweder in Regelschulkontexten oder in segregierten Kontexten unterrichtet werden, unterscheidet sich stark von Land zu Land, und ein vollständig inklusives System gibt es in keinem der Länder. Es ist wichtig, dass die Unterbringung flexibel gehandhabt wird. [...] Pädagogische Bedürfnisse müssen im Hinblick darauf beurteilt werden, was für den Einzelnen das Beste ist« (WHO 2011, 205).

# 2

## Inklusion und Exklusion

»Will sich die Idee der Inklusion gemessen an ihren eigenen grundlegenden Überzeugungen nicht selbst ad absurdum führen, so muss die Zielvorstellung für die inklusive Schule der Zukunft die Schule für alle sein!« (Jennessen & Wagner 2012, 340). Eine »Schule für alle« nimmt jeden Schüler auf, unabhängig von Art und Schwere seiner Behinderung oder sonstigen Besonderheit. Sie verzichtet auf jede Art von »Aussonderung« und »Ausschluss«, ist also eine Schule, in der Exklusion nicht mehr vorkommt. Diese Idee setzt voraus, dass die gemeinsame Beschulung nicht nur aus einem örtlichen Zusammentreffen unterschiedlicher Menschen besteht; sie hat nur dann Gehalt, wenn die Gemeinsamkeit für jeden Einzelnen einen Ort der inneren und äußeren Heimat darstellt.

Ob sich die UN-Behindertenrechtskonvention in diesem Sinne zwingend interpretieren lässt, ist höchst umstritten – sowohl aus juristischer als auch aus pädagogischer Sicht. In der Sonder-, Heil-, Behinderten- oder Rehabilitationspädagogik finden sich dazu sehr unterschiedliche Auffassungen. Die einen gehen davon aus, dass das Fortbestehen spezieller Einrichtungen dem Inklusionsgedanken nicht widerspricht. Sie plädieren dafür, pädagogische Fragestellungen in den Mittelpunkt der Überlegungen zu stellen und dabei die Rolle, die Institutionen spielen, nicht zu überschätzen (Reiser 2002; Zupp 2009; Stöppler 2010; Bonfranchi 2011; Speck 2011; Fröhlich 2012; Häußler 2012; Stein 2012; Kobi 2008). Andere hingegen stellen eine unmittelbare Verknüpfung zwischen dem inklusiven Anliegen und schulischen Organisationsformen her. Die Existenz spezieller Einrichtungen ist demnach mit der Inklusionsidee grundlegend unvereinbar. Ihre Auflösung wird als zwingend betrachtet, allenfalls der Zeitpunkt sei noch verhandelbar (Schöler 2009; Schumann 2009; Hinz 2011; Dreher 2012; Feuser 2012; Jennessen & Wagner 2012; Rittmeyer 2012; Wocken 2012).

Explizit ist in der UN-Konvention davon, dass Sonderschulen abzuschaffen seien, an keiner Stelle die Rede. Und es spricht wenig dafür, dass sie sich aus seinem Sinngehalt herleiten lässt. Hillenbrand (2013, 366) konstatiert deshalb: »Der Auftrag zur Etablierung eines inklusiven Bildungssystems wird nach UN-Konvention und der Begrifflichkeit der UNESCO [...] keinesfalls durch die Auflösung der Förderschulen und die Aufnahme aller Schüler mit Behinderung in die Allgemeine Schule erfüllt, sondern durch die Erfüllung der Bedürfnisse aller Lernenden« (vgl. auch Aichele 2010; Bielefeldt 2010).

Der Paragraph 24 Artikel 5 Absatz 4 kann als ein Indikator dafür gelten. Dort wird ausdrücklich betont, dass »besondere Maßnahmen, die zur [...] tatsächlichen Gleichberechtigung von Menschen mit Behinderungen erforderlich sind, [...] nicht als Diskriminierung im Sinne dieses Übereinkommens« angesehen werden dürfen (Übereinkommen 2008, 1426). Die Gebärdensprache Gehörloser ist dazu ein markantes Beispiel. Sie wird sich nur dort entfalten kön-

23

nen, wo den Betroffenen ein entsprechender sozialer Ort bereitgestellt wird. Eine solche Zweck-Mittel-Relation besteht auch im Hinblick auf Intensivpädagogische Settings bei schwer verhaltensgestörten Schülern. Ein überschaubarer institutioneller Rahmen ist die Voraussetzung dafür, dass sich intensive Beziehungserfahrungen einstellen, die für eine persönliche Veränderung unabdingbar sind. Auch kann die Intensität der Förderung sprachbehinderter Grundschülern in besonderen pädagogischen Settings eine Maßnahme darstellen, die sich für die kindliche Entwicklung als segensreich erweist. Die Reihe der Beispiele ließe sich fortsetzen. Daran schließt sich die Frage an, ob ein individuelles Recht auf gemeinsame Beschulung mit einer Verpflichtung für diejenigen gleichzusetzen ist, die einen anderen Weg gehen möchten.

Nur wenig beachtet worden sind die Empfehlungen zur »Förderung der Rechte und vollen Teilhabe behinderter Menschen an der Gesellschaft«, die der Europarat 2006 verabschiedet hat. Sie verstehen sich als »ein Instrument für die Umsetzung für die UN-Konvention auf europäischer Ebene«, unter Berücksichtigung der »für den europäischen Raum spezifischen Traditionen, Mentalitäten und Strukturen« (Ellger-Rüttgardt 2013, 242). Ein Verzicht auf spezielle Einrichtungen wird auch dort nicht gefordert: »Ähnlich wie die UN-Konvention, favorisiert der Europarat ein inklusives Bildungssystem, schließt aber keineswegs besondere Institutionen aus und ermuntert ausdrücklich zu einer Zusammenarbeit zwischen allgemeiner und Sonderschule auf dem Weg zu einer inklusiven Schule« (Ellger-Rüttgardt 2013, 242).

Darüber, was schulisch Inklusion bedeutet, klaffen die Auffassungen weit auseinander. Das zeigen die Ausführungen der folgenden Kapitel. Gleichwohl wird die »inklusive« Schule häufig als Vorläufer einer inklusiven Gesellschaft angesehen, mitunter sogar als ihre zwingende Voraussetzung. Es bietet sich deshalb an, zunächst einige grundlegende soziologische Klärungen zum Inklusionsbegriff vorzunehmen.

Historisch betrachtet, stehen – allgemein formuliert – seit eh und je gesellschaftliche Differenzierungen einer vollständigen Inklusion entgegen. Sie führen dazu, dass Grenzlinien entstehen, die von bestimmten Personengruppen nicht überschritten werden dürfen. Teile der Gesellschaft bleiben deshalb unter sich. Die Kriterien, die diese Grenzen definieren, können sich verändern, ihre Existenz selbst wird dadurch nicht in Frage gestellt. Die Aufgabe trennender Setzungen führt dazu, dass sie durch andere, ähnlich oder anders gelagerte ersetzt werden. Dann beginnt der Kreislauf von neuem: Mit umso höherer Geschwindigkeit, je stärker traditionelle Gesellschaften durch flexible abgelöst werden.

Einige, vormals als unveränderlich geltende Grenzen existieren inzwischen nicht mehr. Die Macht der Herkunft, der Abstammung und des ererbten Status, die Zugehörigkeit zu Adel, Ständen oder bestimmten Sozialschichten, sie alle haben ihren zwingenden Charakter verloren. Die institutionelle Verfasstheit des gegenwärtigen Erziehungssystems bezeugt dies. »Sozialhistorisch gesehen geht es im Wandel des Erziehungssystems um die Entwicklung von standesförmig begründeter und geregelter Erziehung (z. B. Adelserziehung, städtebürgerliche Handels- und Kaufmannsausbildungen, Gilden, Zünfte) hin zu modernen, einem neuen Individualismus sowie rechtsstaatlich und demokratischen Ideen angemessenen Formen der Bildung und Erziehung. Erziehung wird zum Staatsauftrag entlang der Formel *Erziehung für alle, unabhängig von Stand und Klasse!* Qualifizierende Geburt wird durch generalisierte Erziehung ersetzt [...] Das Erziehungssystem sieht sich mit dem Inklusionspostulat konfrontiert und thematisiert es als den Anspruch, die Schulerziehung für alle zu öffnen ohne Rücksichten auf standesmäßige Unterschiede« (Drepper & Tacke 2010, 259). In eben diesem Sinne ist auch die UN-Behindertenrechtskonvention zu verstehen, als Appell und Verpflichtung auf ein Bildungsrecht für alle Menschen mit Behinderung.

Doch auch die universelle Beteiligung aller Kinder an einem staatlich organisierten oder unter staatlicher Aufsicht stehenden Bildungsprozess führt nicht dazu, dass grundlegende Spannungen und innere Widersprüche ausbleiben. Während basale Werte wie das Recht eines jeden Kindes auf Bildung, sein Anspruch auf Gleichheit und eine Förderung, die seiner individuellen Situation entspricht, »für sich genommen unumstritten und stark konsensträchtig sind« (Drepper & Tacke 2010, 260), stellen sich bei der konkreten Umsetzung verschiedene Problem- und Konfliktfelder ein – strukturelle Paradoxe in der Sprache der Systemtheorie. Auf das Spannungsfeld von Gleichheit und Ungleichheit wird in den Kapiteln 5 und 6 ausführlich eingegangen. Die Schule soll erzieherische Gleichheit herstellen und zugleich dafür sorgen, dass die Bildungsresultate unterschiedlich ausfallen. Weiterhin zählen die genannten Autoren das Verhältnis von Homogenität und Heterogenität der Schülerschaft zu den strukturellen Paradoxen des Bildungssystems. Autonomie und Abhängigkeit der einzelnen Funktionssysteme bilden eine andere, zusätzliche paradoxe Beziehung.

Ein wichtiger Unterschied zu früheren Zeiten besteht darin, dass Inklusion und Exklusion heute nicht mehr zentral durch eine übergeordnete Instanz erzeugt wird. Es gibt nicht mehr nur das eine oder andere Kriterium, das darüber entscheidet, ob ein Mensch generell eingeschlossen (inkludiert) oder ausgeschlossen (exkludiert) ist. In einer funktional differenzierten Gesellschaft existieren vielmehr sehr unterschiedliche, nebeneinander bestehende Teilsysteme, in denen sich jeweils entscheidet, ob bestimmte Personen aufgenommen werden und dadurch eine Zugehörigkeit erlangen. Anderenfalls »sind sie von diesem Teilsystem exkludiert, was für die Systemtheorie weder ein soziales noch ein moralisches Problem ist, da niemand in alle Teilsysteme gleichzeitig inkludiert sein und daher im Umkehrschluss auch keinen Schaden nehmen kann, wenn er von einigen ausgeschlossen wird« (Dammer 2011, 9). Der Zugehörigkeit zu Teilsystemen sind also Grenzen gesetzt, zumal es auch in der Lebensspanne ausgeschlossen ist, dass alle Teilsysteme durchlaufen werden.

Im historischen Abgleich ist zudem neu, dass immer mehr Menschen ein Zugang zu sehr unterschiedlichen Teilsystemen offen steht. Nicht schrankenlos, aber in einem Ausmaß, das bisher kaum möglich erschien. Sie können nunmehr vielfach auswählen, welche Optionen für sie in Frage kommen, und sie müssen sich entscheiden, ob sie den Weg dorthin beschreiten wollen. Dabei gehen sie das Risiko ein, dass eine gewünschte Zugehörigkeit nicht gelingt oder sich eine erfolgte als unpassend erweist, da sie den persönlichen Hoffnungen und Erwartungen widerspricht.

Im Hinblick auf die Gesellschaft als Ganzes stellt sich das Verhältnis von Inklusion und Exklusion anders dar. »Während die Partizipation an Teilsystemen binär als entweder inkludiert oder exkludiert beschrieben wird, so gilt dies nicht für die Gesellschaft als Gesamtsystem, in welche ein Individuum stets inkludiert bleibt« (Dammer 2011, 9). Eine vollständige Exklusion ist demnach unmöglich; ebenso wie eine vollständige Inklusion (Exner 2007; Dangschat 2008, Stichweh 2009). Nassehi (2008, 127) bekräftigt diese Auffassung mit den Worten: »Man [müsse] sich endlich von der Container-Metapher lösen [...] Eine Gesellschaft ist kein Behälter, in dem man drin ist oder aus dem man herausfallen kann.«

Doch gilt das wirklich ausnahmslos? Als Gegenbeleg wird häufig die Langzeitunterbringung in Psychiatrien oder Gefängnissen angeführt. Die Möglichkeiten der Betroffenen, sich in gesellschaftliche Teilsysteme zu begeben, sind dort in der Tat erheblich beschnitten. Sie sind von einer Teilhabe in weiten gesellschaftlichen Bereichen ausgeschlossen. In einem gesellschaftsfreien Raum leben sie dennoch nicht. Vor allem aber muss beachtet werden, dass Exklusion und Inklusion auch hier in einem dialektischen Verhältnis stehen. Der erfolgte Ausschluss ist darauf gerichtet, dass eine spätere Rückkehr erfolgen kann. Richterliche Höchststrafen sind, um ein Beispiel zu nennen, in der Regel mit der Perspektive verbunden, dass ein Leben in Freiheit doch noch möglich wird. Und der europäische Gerichtshof hat erst kürzlich die Hürden für eine dauerhafte Sicherheitsunterbringung erhöht und den Rehabilitationsgedanken gestärkt. Insofern gilt: »Unter modernen Bedingungen ist Exklusion nur ›zulässig‹, soweit sie in die Form einer Inklusion gebracht wird. Das ist eine Bedingung, die so verschiedenartige Denker wie Michel Foucault und Niklas Luhmann einhellig herausgearbeitet haben. Das heißt, dass für jede neuerfundene oder neuentstandene Form der Exklusion [...] eine Institution der Inklusion erfunden und eingerichtet werden muss [...], die die vorgängige Exklusion auffängt« (Stichweh 2009, 37).

Vor diesem Hintergrund ist einige Vorsicht geboten, wenn *die* schulische Inklusion als gänzlich neue Wirklichkeitsformel gepriesen wird. So, als ginge es um einen totalen Einschluss oder eine ebenso radikale Exklusion aus der Gesellschaft. So, als ließe sich die Gesellschaft, das komplexeste aller sozialen Gebilde, auf den einfachen Gegensatz von Exklusion und Inklusion reduzieren und von dem einen Zustand in den anderen transformieren (Wansing 2009; Anken 2012).»Wenn Inklusion [...] nichts anderes bedeutet als die Art und Weise, wie soziale Systeme Menschen bezeichnen, sie in ihren Relevanzraum aufnehmen, ihren Handlungsraum zugleich entfalten und eingrenzen, sie sichtbar machen, bezeichnet Exklusion den Mechanismus, wie Personen nicht bezeichnet und nicht für relevant gehalten werden. Exkludierte dürften genau genommen gar nicht sichtbar sein. [...] Dass es sich dabei freilich um erhebliche Grenzfälle handeln muss, liegt auf der Hand« (Nassedi 2008, 122 f.). Für Schüler, die Sonderschulen oder spezielle Einrichtungen besuchen, gilt ein solcher Aufmerksamkeitsentzug nicht. Im Gegenteil, sie finden eine besondere Beachtung: Durch die Ausbildung speziell für sie zuständiger Lehrkräfte, die Existenz verschiedener wissenschaftlicher Teildisziplinen, die sich ihrer besonderen Lebenssituation widmen, und dadurch, dass die Form ihrer Beschulung seit Jahrzehnten öffentlich aufmerksam diskutiert wird. In die Operationen des Bildungssystems sind sie im vollen Umfang eingebunden. Ob hinreichend erfolgreich, steht dahin; aber das ist eine andere Frage. Auch diese Fakten gemahnen daran, dass mit dem Exklusionsbegriff vorsichtig umgegangen werden muss. Es empfiehlt sich deshalb,»nicht bei jeder Gelegenheit Alarm [zu] schlagen und jede beliebige soziale Dysfunktion als Exklusion [zu] bezeichnen« (Castel 2008, 86).

Stattdessen sollte unaufgeregt um ein Mehr an Gemeinsamkeit in einem wichtigen Lebensbereich gerungen werden, um die Fortsetzung und Vertiefung der Integrationsidee, ohne dass aus dem Blick gerät, dass die Schule nur ein Teilsegment des Lebens repräsentiert. Zudem darf nicht übersehen werden, dass die Schule und nachschulische Institutionen unterschiedlichen Gesetzmäßigkeiten gehorchen. Das, was in der Schule als wünschenswert gelten mag, lässt sich nur begrenzt in das spätere Leben transformieren. Der Einfluss, den sie diesbezüglich hat, ist bei realistischer Betrachtung recht gering. Es liegt außerhalb ihrer Macht, die Gesellschaft in ihren Grundstrukturen zu verändern.

Nicht selten wird jedoch der gegenteilige Eindruck erweckt. Spezielle schulische Einrichtungen werden in die Nähe totalitärer Institutionen gerückt, die sie bei nüchterner soziologischer Betrachtung überhaupt nicht sein können. Sie gelten als Garanten einer lebenslang wirkenden sozialen Schädigung, als Orte, die für einen beinahe unwiderruflichen Ausschluss aus der Gesellschaft sorgen (Feuser 1990; 2002).

»Die unverdünnte Hölle«, so lautet der wenig geschmackvolle Titel eines im »Spiegel« erschienenen Textes (Demmer 2009), der sich mit dem deutschen Sonderschulsystem beschäftigt. Dort wird behauptet, Kinder mit Behinderungen würden in ein fast mittelalterliches System gezwungen, in eine schreckliche Welt mit ghettohaften Zügen, die sie nachhaltig erniedrigt, beschämt und schädigt. Im Wortlaut und an einem Beispiel: Ein Mädchen mit einer Körperbehinderung, das einen sonderpädagogischen Förderbedarf erhielt, sei dadurch »gekennzeichnet, die zweite Wahl, wie fehlerhaftes Porzellan«. Und kurz darauf: Ein »Mensch mit ›sonderpädagogischem Förderbedarf‹ [hat] sein Recht auf Teilhabe an der Gesellschaft, sein Recht auf Bildung, sein Recht auf ein selbstbestimmtes Leben verloren« (Demmer 2009, 26). Der Leser möge sich über diese Stellungnahme ein eigenes Urteil bilden.

Aber auch die gemeinsame Beschulung wirft aus soziologischer Sicht weitere Fragen auf. Der inklusive Beginn, der erste Moment initialer Gleichheit, unterliegt einer Entwicklungsgeschichte, die zwangsläufig Unterschiede herausstellt. Der »*Gleichheit im Zugang* folgt immer schon eine *Ungleichheit im Prozeß*« (Drepper & Tacke 2010, 272). Differenzierungen zwischen Schülern sind dabei unumgänglich, mit der Inklusionsidee aber schwer vereinbar. Diese

29

Ungleichheit wird im Kapitel 6 unter Leistungsgesichtspunkten behandelt. Sie erstreckt sich auch, und oft besonders folgenreich, auf die emotionale und soziale Entwicklung der Schüler. Wenn »die Einschränkung der sozialen Teilhabe den Kern von Behinderung ausmacht« (Katzenbach 2012, 84), dann stellt sich das Inklusionsproblem bei gemeinsamer Beschulung unter diesem Gesichtspunkt noch einmal neu. Mit der rein formalen Zugehörigkeit zu einer Klasse ist wenig geholfen. Sie sagt nichts darüber aus, ob ein Schüler in die Gruppe aufgenommen wird und ihm eine innere Anbindung gelingt, die sich für seine weitere Entwicklung als fruchtbringend erweist. Wenn eine solche Integrationsleistung unterbleibt, wird ein zentraler Zweck des Inklusionsanliegens verfehlt. Es kommt dann zu einer »*exkludierenden Inklusion*«, die Stichweh (2013, 6) der »*inkludierende[n] Exklusion* der Sonderschulen« gegenüber stellt.

Bei Schülern mit schweren Verhaltensstörungen ist die Wahrscheinlichkeit, dass dies geschieht, besonders hoch. Sie gehören zu denjenigen, die überproportional häufig am Rande der Klasse stehen, eine erhebliche Ablehnung erfahren und nicht selten gemobbt werden (Goetze 1990; von Freyberg & Wolff 2005/2006; Stein 2012). Die psychische Last, die daraus resultiert, kann ganz erheblich sein und das Maß überschreiten, das für sie zumutbar ist. Und auch umgekehrt gilt: Die Belastungen, die diese Kinder und Jugendlichen in anderen erzeugen, fallen häufig ebenfalls beträchtlich aus. Sie können so stark sein, dass Mitschüler und Lehrer an die Grenzen des Erträglichen gebracht oder diese sogar überschritten werden. Man wird nicht ernsthaft erwarten können, dass dies gehäuft und mehr als nur punktuell toleriert werden kann. Es sei denn, es wird von Menschen ohne Erträglichkeitsgrenzen ausgegangen und gefordert, Lehrer und Schüler müssten bereit sein, auf elementare eigene Rechtsgüter zu verzichten.

Unter diesem Gesichtspunkt nimmt die Frage nach dem Verhältnis von Inklusion und Exklusion eine weitere Färbung an. Ist eine Schule, die äußerlich »inkludiert«, eine hilfreiche Institution, auch wenn sie Kinder in extreme soziale Randlagen bringt, emotional überfordert und allein lässt? Oder soll eine Einrichtung vorgezogen werden, die zwar von anderen trennt, bestimmte Schüler aber von ihrer psychischen Last befreit und es sozial vermag, ihnen einen Ort der Geborgenheit zu geben? Diese Frage wird sich im Sinne pädagogischer Verantwortung wohl kaum umstandslos mit der ersten Alternative bejahen lassen. Spezielle Einrichtungen und pädagogische Settings können – unter sorgsamer Abwägung des Für und Wider – wirksamer und ertragreicher sein als eine durchgängige gemeinsame Beschulung (z. B. Ellinger & Stein 2012; Bleher et al. 2013; Müller 2013). Ihre »inklusive« Wirkung ist beträchtlich, wenn es gelingt, einen wesentlichen Beitrag zur langfristigen Einbindung in Schule und Gesellschaft zu leisten. Zu Recht stellt Stein (2012, 191 f.) deshalb fest: »Insofern könnte man auch eine Schule für Erziehungshilfe als ›inklusiv‹ beschreiben, indem sie eine wichtige Ausprägungsform des allgemeinen Schulsystems darstellt und indem sie solchen Schülern im Hinblick auf ihre gesellschaftliche Integration hilft, die im allgemeinen Schulsystem, so wie es ist, nicht haltbar sind. Der ›exklusive‹ Charakter von Förderschulen ergibt sich ja nicht so sehr, weil sie exkludieren, sondern weil sie die vom allgemeinen Schulsystem exkludierten Schülerinnen und Schüler aufnehmen.«

In konventioneller Lesart besuchen Schüler spezielle Einrichtungen, weil es der Allgemeinen Schule nicht gelingt, sie in der notwendigen und wünschenswerten Form zu fördern. Diese Formel wird gegenwärtig leicht belächelt: Als Rationalisierung für einen unzureichenden Inklusionswillen oder die Unfähigkeit von Lehrerinnen und Lehrern, sich auf die besonderen Bedürfnisse jedes einzelnen Kindes einzustellen. Sie dürfte den realen Gegebenheiten jedoch durchaus nahe kommen. Eine Trennung erfolgt, weil ein bestimmtes pädagogisches Setting zu keinem hinreichenden Erfolg führt, und nicht primär, um Schüler – aus unlauteren Motiven – auszuschließen. Viele dieser Kinder stören gar nicht, jedenfalls nicht erheblich; weder im Sinne eines aktiven Protestes noch dadurch, dass sie auf andere Weise eine besondere Last darstellen. Sie könnten ohne größere Probleme im Klassenverband verbleiben und weiterhin wie bisher »mitlaufen«. Häufig genug tun sie dies auch: Aus Sorge vor Etikettierungen und davor, dass durch Trennungen ein irreparabler Schaden entsteht. Die hohe Zahl der sehr spät, noch in der Sekundarstufe I überwiesenen Schülerinnen und Schüler mit Lernbeeinträchtigungen ist ein Beleg dafür. Ob ihnen mit einer dermaßen herausgezögerten Entscheidung gedient ist, darf bezweifelt werden.

Anders stellt sich die Situation bei Kindern mit schweren Verhaltensstörungen dar. Hier spielt, wie bereits erwähnt, das Stören und Gestörtwerden eine besondere Rolle. Einige dieser Schüler können aus den bereits genannten Gründen nicht im Klassenverband gehalten werden. Sie werden deshalb ausgeschlossen, im wahrsten Sinne des Wortes. Doch auch in diesem Fall geht es nicht um eine Exklusion in Reinkultur. Sie bleiben Teil des Schulsystems, an einem anderen Ort, der pädagogisch für sie erfolgversprechender erscheint oder eine Notlösung dort verspricht, wo andere Wege nicht mehr offen stehen.[2] Wiederum zeigt sich, dass die schlichte Gegenüberstellung von Inklusion und Exklusion der Komplexität der Sachlage nicht gerecht wird. Auch wenn, das sei zugestanden, »der semantische Augenschein [...] dazu verleiten kann, sie als ein Gegensatzpaar mit oppositiver Wertung zu verwenden« (Dammer 2011, 12).

---

2 Psychologisch betrachtet, muss es sich dabei nicht um einen archaischen Ausstoßungsmodus handeln. Auch reife Formen der Trennung sind in diesem Fall möglich, sofern eine archaische Abwehr überwunden wird und innere Bindungen erhalten bleiben (ausführlich Ahrbeck 2006).

# 3

## Vielfalt, Normalisierung, Anerkennung

Einer der zentralen Inhalte des Inklusionsgedankens besteht in dem Postulat, dass die Verschiedenheit von Menschen wertvoll und begrüßenswert sei. Die UN-Behindertenrechtskonvention lässt sich in diesem Sinne verstehen: Sie will dafür Sorge tragen, dass Menschen mit Behinderung vor Diskriminierung geschützt, als wichtiger Teil der menschlichen Gemeinschaft angesehen und entsprechend anerkannt werden.

Der Gewinn, den sie für die Gesellschaft erbringen, verdiene deshalb eine angemessene Würdigung. Menschen mit Behinderung könnten gegenwärtig wie zukünftig einen »wertvollen Beitrag […] zum allgemeinen Wohl und zur Vielfalt ihrer Gemeinschaften« leisten, darauf wird in der Präambel ausdrücklich verwiesen (Übereinkommen 2008, 1421). Insofern wird Behinderung als eine Form der Verschiedenheit von Menschen begrüßt.

Die Konvention beschränkt sich darauf, Verschiedenheit in sehr allgemeiner Weise zu umreißen. Auf eine Präzisierung und Vertiefung des Begriffes wird verzichtet. Aufgrund ihres im wahrsten Sinne des Wortes globalen Anliegens mag dies durchaus verständlich sein. Missverständnisse und Folgeprobleme bleiben aber nicht aus. Felder (2012, 148) hat darauf aufmerksam gemacht, dass »in der Konvention nicht zwischen dem deskriptiven Verständnis von Verschiedenheit und ihrer normativen Bedeutung unterschieden« wird. Verschiedenheit existiert nicht nur faktisch; ihr wird auch fast durchgängig, wenn nicht gar ausschließlich, ein hoher Wert zugeschrieben. Vielfalt ist bereichernd, so lässt es sich dem gängigen Inklusionsdiskurs entnehmen. Diese Formulierung, von hoher moralischer Position hervorgebracht, scheint kaum noch hinterfragbar. Ganz unabhängig davon, um welche Besonderheit es sich handelt und welche Ausformung sie annimmt.

Felder widerspricht dem: Die Grenze zwischen Deskription und Normativem müssten gewahrt bleiben, sie dürfte nicht verschwimmen oder bagatellisiert werden. Es sei deshalb »gefährlich [...], Verschiedenheit vorschnell als positiven Wert zu propagieren« (Felder 2012, 149). Oder anders formuliert: »Werden beide Bedeutungen vermischt, entsteht der falsche Eindruck, Verschiedenheit hätte an sich bereits positiven normativen Wert. Dies ist aber nicht der Fall« (Felder 2012, 148).

Eine positive »ethisch-normative Bedeutung« könne Verschiedenheit erst dann gewinnen, wenn sie sich auf »Lebensweisen und Eigenschaften« bezieht, die sich für das Leben als wertvoll erweisen. Sie müssten für ein »gutes menschliches Leben« (Felder 2012, 248) stehen. Für die Person selbst und das soziale Umfeld gleichermaßen, so lässt sich ergänzen.

Einem guten Leben stehen vielfältige soziale Faktoren entgegen, die unschwer zu benennen sind: Körperliche Übergriffe und sexuelle Misshandlungen, narzisstische Schädigungen und traumatisierende Lebensumstände, häusliche Vernachlässigungen und unzureichende Bindungserfahrungen, gewalttätige soziale Milieus und ausbeuterische Arbeitsverhältnisse, um nur einige Beispiele zu nennen. Ihr Niederschlag auf die psychische und soziale Entwicklung der nachwachsenden Generation kann ganz erheblich sein, teilweise mit lebenslangen Folgen. So haben jugendliche Gewalttäter, die wiederholt massive Delikte begehen, in ihrer Kindheit und Jugendzeit zu etwa 80 Prozent selbst gewaltsame Übergriffe erfahren (Ross, Pfäfflin & Fontao 2009). Junge Menschen beiderlei Geschlechts, die der Prostitution nachgehen, verfügen häufig über frühe sexuelle Missbrauchserfahrungen. Auch das ist statistisch hinreichend belegt (Egle, Hoffmann & Joraschky 2004). Insofern sind diese Personengruppen, hier wiederum nur exemplarisch benannt, Opfer einer schädigenden Lebenspraxis. Eine bereichernde Seite des alltäglichen Lebens wird man in den Bedingungen ihres Aufwachsens wohl kaum erkennen können; einen Teil der Lebensvielfalt spiegeln sie dennoch wider.

Ein allzu sorgloses Plädoyer für die Akzeptanz von Vielfalt, das auf notwendige Differenzierungen verzichtet, kann – wie unmittelbar ersichtlich ist – fatale Folgen haben. Nicht alle Lebensformen stehen gleichwertig nebeneinander. Wer dies behauptet, verkennt, dass es auf schreckliche Weise gescheiterte Lebensentwürfe gibt; er verwischt Unterschiede, die keine Vermischung erlauben – oftmals zum Nachteil der davon betroffenen Kinder und Jugendlichen. Weiß (2013, 213) erhebt dagegen völlig zu Recht Einspruch: Es »ist schlichtweg zynisch, in diese Akzeptanz des Kindes die Gründe für sein spezifisches, oftmals schädliches Verhalten einzubeziehen«. Die Überhöhung schwer gestörter Familien zu »Experten« ihres Lebens findet darin eine ihrer prägnanten Ausdrucksformen (Kastner 2010).

Blockaden und Lebenserschwernisse finden sich auch auf der personalen Seite menschlicher Vielfalt. Psychische Erkrankungen können das Leben zur Qual machen, neurotische Verstrickungen eine freie Entfaltung der Persönlichkeit verhindern, körperliche Erkrankungen eine große Last sein, die im ungünstigsten progredienten Fall zu einem frühen Tod führen. Diverse andere schmerzliche persönliche Lebenseinschränkungen, auch durch Behinderungen bedingt, kommen hinzu, ohne dass sie hier im Einzelnen ausgeführt werden müssen. Sie gehören allesamt zum alltäglichen Leben, zur Vielfalt dessen, was das Leben an Möglichkeiten hervorbringt. Es gilt anzuerkennen, dass es auch diese Form der Vielfalt gibt, auch wenn dies mitunter schmerzlich sein mag. Und es muss Sorge dafür getragen werden, dass die Betroffenen ein Leben führen können, das ihnen eine Besserung oder Linderung ihres Zustandes erlaubt.

Wiederum ist aber, nun auf der persönlichen Ebene, eine Differenzierung notwendig: zwischen einer Vielfalt, die als bereichernd und beglückend erlebt werden kann, und einer solchen, die auch zum Leben gehört, aber Leiden und Leid hervorbringt. Es fällt schwer, beide umstandslos unter die Kategorie einer begrüßenswerten Vielfalt zu subsumieren; dazu sind die Verhältnisse zu komplex.

Erschwerend kommt hinzu, dass im Psychischen auch dunkle Seiten existieren. Um obiges Beispiel noch einmal aufzunehmen: Heftige Gewalttaten finden sich auch dort, wo frühere Gewalterfahrungen fehlen. Die Umkehrung des früher Erlittenen, die Wendung vom Passiven ins Aktive, macht also nur einen Teil der jeweiligen Motivationslagen aus. Gleiches gilt für die narzisstische Ebene: Der aggressive Akt diene zur Überwindung eines schwach ausgeprägten Selbstwertes, so wird häufig angeführt. Das ist sicher oftmals richtig, aber auch damit ist allenfalls ein Teilaspekt benannt. Nicht jede Gewalttätigkeit beruht auf einem basalen narzisstischen Problem. Übersehen wird leicht, dass sich im aggressiven Akt eine Befriedigung einstellt, die über die genannten Faktoren hinaus reicht. Das gewalttätige Vorgehen ist häufig auch von einem genuinen Schädigungswunsch geleitet, es beruht auf einer Freude an der Destruktion. Bei jugendlichen Neonazis, die ihre Menschenverachtung ich-synton ausagieren, ist dieses Phänomen ganz offensichtlich, fast mit Händen greifbar. Ohne, dass dem von außen kraftvoll begrenzende Kräfte entgegengesetzt werden, lässt es sich nicht wirkungsvoll eindämmen (Ahrbeck 2010; Körner & Müller 2010; vgl. auch Becker & Nedelmann 1983; Browning 1998). Damit ist eine weitere Seite der menschlichen Existenz angesprochen, die eine Begrüßung als Teil wünschenswerter Vielfalt nicht eben leicht macht.

Das Normalisierungskonzept steht dem gegenwärtigen Inklusionsbegehren in vielen Punkten nahe. In beiden Fällen geht es darum, dass Menschen vom Rand in die Mitte der Gesellschaft gelangen sollen, dadurch, dass ihnen ein ungehinderter Zugang zu Partizipation und gesellschaftlicher Teilhabe eröffnet wird. Auch wenn ihre unterschiedliche Begriffsgeschichte in Rechnung gestellt wird: In gewisser Hinsicht weisen sie eine ähnlich gelagerte Problematik auf; zumindest in vielen ihrer gängigen Interpretationen.

Unter Normalisierung wird verstanden, dass Menschen mit Behinderungen ein weitgehend uneingeschränktes Leben führen können. Mit so viel Freiheitsgraden und Entscheidungsoptionen wie möglich, befreit von gesellschaftlichen Beschränkungen und Barrieren, die einer Teilhabe am normalen Leben im Wege stehen. Eingeführt wurde dieser Begriff 1959 durch den dänischen Juristen Bank-Mikkelsen. Inzwischen ist er zu einer Leitkategorie der professionellen Arbeit mit behinderten Menschen geworden; zugleich bildet er die Grundlage diverser Selbsthilfeaktivitäten. Ursprünglich bezogen auf Kinder, Jugendliche und Erwachsene mit körperlichen und geistigen Behinderungen, erstreckt sich die Normalisierung inzwischen auch auf das weite Feld anderer Behinderungen und psychosozialer Beeinträchtigungen. Der Ertrag, den sie erbracht hat, ist erheblich. Viele Betroffene führen heute ein sehr viel selbstbestimmteres Leben als es zu früheren Zeiten möglich erschien, ihr Ausschluss aus dem alltäglichen Leben ist seltener geworden, die Auflösung von Großkrankenhäusern für psychisch kranke und geistig behinderte Menschen zeugen beispielhaft davon. Das im Jahre 2002 verabschiedete Gleichstellungsgesetz ist ein weiterer Schritt in diese Richtung: Das im Grundgesetz enthaltene Benachteiligungsverbot wird dadurch praktisch umgesetzt, auch das ist ein wichtiger Beitrag zur Normalisierung der Lebensverhältnisse.

Nach wie vor existieren aber noch bedenkliche Einschränkungen, vor allem im Hinblick auf den Arbeitsmarkt. Gröschke (2002, 182) zählt zu den Modernisierungsverlierern aus dem Bereich der Behindertenhilfe beispielhaft schwerbehinderte Menschen mit hoher Minderung der Erwerbsfähigkeit, Schlaganfallpatienten in einem höheren Lebensalter und junge Menschen mit Körperbehinderungen auch dann, wenn sie beruflich gut qualifiziert sind. Sie könnten im Sinne der Normalisierung ein erfolgreicheres und erfüllteres Leben führen, wenn die äußeren Umstände dies zuließen.

Dem Normalisierungskonzept ist immanent, dass es sich nicht auf äußere Rahmung des Lebens beschränkt. Die soziale und rechtliche Gleichstellung von Menschen mit Behinderung bildet das Fundament dafür, dass zuvor verschlossene Lebensräume geöffnet werden können, ein barrierefreier Zugang zu unterschiedlichen Lebensbereichen ebenfalls. Aber sie allein können ein Leben in Normalität nur begrenzt sichern. Weiterhin bedarf es, auch auf durchaus oberflächlicher Ebene, eines alltäglichen Zusammenlebens, das gemeinsame Erfahrungen ermöglicht. Vieles, was zuvor als befremdlich oder nicht normal galt, wird sich durch reine Gewöhnung abschleifen und dadurch vertrauter und insofern alltäglicher werden. Das sollte nicht gering geschätzt werden: »Gewöhnung und Duldung mögen zwar moralphilosophisch eine Schwundstufe echter Toleranz sein, pragmatisch betrachtet sind sie jedoch ein Stück gelebter Normalität und Normalisierung« (Gröschke 2002, 199).

Doch das Normalisierungsbegehren weist darüber hinaus. Es erstreckt sich auch auf die Qualität der persönlichen Begegnung. Ein zentrales Ziel ist deshalb die persönliche Akzeptanz: Die Annahme eines behinderten Menschen als gleichberechtigte Person, seine Anerkennung als ein Mensch mit vielfältigsten Eigenschaften, ohne dass er auf seine Behinderung reduziert wird. Behinderung soll nicht von vornherein von einer negativen Konnotation begleitet sein.

Kuhlmann (2011, 37) umreißt dieses Anliegen folgendermaßen: »*Erstens* sollen die herrschenden Vorstellungen von körperlicher, seelischer oder geistiger ›Beeinträchtigung‹ von jeglicher negativen Bewertung befreit werden. Physische oder psychische Funktionsdefizite sollen nicht mehr als etwas verstanden werden, das inhärent mit einer eingeschränkten, gar leidvollen Lebensperspektive verknüpft ist. *Zweitens* soll geltend gemacht werden, dass schon die Erfahrung, überhaupt ›behindert‹ zu sein, keineswegs notwendigerweise mit der spezifischen Konstitution des Einzelnen einhergeht, sondern erst durch Einflüsse des sozialen Umfeldes zustande kommt.«

Das ist vom Grundsatz her verständlich. Jeder Mensch konstituiert sich aufgrund einer Fülle von Entwicklungsbedingungen, die miteinander auf komplexe Weise verwoben sind – ob er nun behindert ist oder auch nicht. In einem quasi gesellschaftsfreien Raum kann sich keiner dieser Faktoren etablieren, eine solche Annahme wäre eine Fiktion. Insofern stellt Behinderung, wie zu Recht festgestellt wird, ein hoch komplexes Phänomen dar, das psychologische, soziale und biologische Komponenten umfasst. Ebenso nachvollziehbar ist es, dass einem Mechanismus begegnet werden soll, der mit der Wahrnehmung behinderter Menschen einhergehen kann. Nämlich der unbedachten Gleichsetzung von Behinderung mit Geschädigtem, Bedauernswertem, in jedem Fall Leidvollen. Mit der Folge, dass Berührungsängste entstehen, sich Entwertungen einstellen können oder einer mitleidsvollen Überprotektion der Weg gebahnt wird.

Dennoch bedarf die soeben zitierte Passage einer genaueren Betrachtung. »Jegliche negative Bewertung« soll unterbleiben, das ist die Quintessenz, die sich aus Kuhlmanns Betrachtung unterschiedlicher Normalisierungsansätze ergibt. Dieses Desiderat kann aber eine durchaus problematische Kehrseite haben, so wünschenswert es auf den ersten Blick erscheinen mag. Nämlich dann, wenn Behinderung nur noch als Diversität gedeutet und deshalb nicht mehr umfassend betrachtet werden darf. In der Folge erscheint es so, als sei die soziale Akzeptanz das entscheidende Problemfeld und das Vermeiden von Etikettierungen die oberste Aufgabe. Kuhlmann (2011, 41) fährt deshalb fort: »Die unterschiedlichen Ansätze der Normalisierungskritik, so lässt sich zusammenfassend feststellen, rekurrieren auf die doppelte Bedeutung des Wortes ›Diskriminierung‹: Ein begriffliches Prozedere – das Treffen einer Unterscheidung – wird mit einer moralisch verwerflichen sozialen Praxis – der Demütigung und Ausgrenzung von Personen – gleichsetzt. Dieses allem Anschein nach äußerst suggestive Verfahren macht es dann aber praktisch unmöglich, von Behinderten als konkreten Personen mit bestimmten Eigenschaften überhaupt noch zu sprechen, ohne sich dem Verdacht auszusetzen, sie abwerten zu wollen.«

Die überzogene Sorge vor Abwertung und Ausgrenzung kann also, daran lässt Kuhlmann keinen Zweifel, zu einem Aufmerksamkeitsentzug führen, der gravierende Folgen hat. Der einzelne Mensch mit seinen Einschränkungen, Störungen und Veränderungsbedürfnissen erfährt dann nur noch wenig Beachtung. Er gerät in den Hintergrund. Folgende Passage illustriert dies beispielhaft. Sie ist einem Beitrag entnommen, der auf ein Leben mit Unterstützung rekurriert – in Schulen und diversen anderen Lebensbereichen. »Pflege, Betreuung und Förderung« seien zu unzeitgemäßen Begriffen geworden, so lässt Hinz (2010, 49) den Leser wissen. An ihre Stelle soll eine Assistenz treten, die behinderte Menschen in Anspruch nehmen können; als Bürger, die mit vollen Rechten ausgestattet sind. Der missliche Status eines Patienten oder Klienten lasse sich dadurch überwinden. Im Wortlaut:»Die Priorität von Entscheidungen liegt nicht mehr wie früher in Grundbedürfnissen oder der Entwicklung von Tüchtigkeit, sondern bei der Selbstbestimmung in sozialer Kohäsion – also sozialer Eingebundenheit. Schließlich liegt das Problem nicht im Defizit, in der Behinderung, in der Schädigung oder in Abhängigkeit und Unselbständigkeit, sondern entsteht aus Umwelthindernissen, die Teilhabe am Leben in der Gesellschaft erschweren. Demzufolge ist dann auch nicht mehr die Person (durch Förderung, Therapie usw.), sondern die Umwelt im Sinne einer inklusiven Gesellschaft zu verändern« (Hinz 2010, 49).

Förderung soll also nur noch eine untergeordnete Rolle spielen. Aber auch das mag im Sinne eines Förderanliegens noch zu optimistisch formuliert sein. Denn wörtlich heißt es: das Problem läge gar nicht mehr in der Person, nicht in der unzureichenden Entfaltung ihrer Entwicklungspotenziale. Für einen Teil behinderter Menschen mag dies tatsächlich zutreffen. Sie bedürfen nur einer Assistenz, einer äußeren Unterstützung, die ihnen zu einer besseren Lebensbewältigung verhilft. Für viele andere hingegen gilt dies nicht.

Wenig einsichtig ist daher, warum die Förderung in ein dermaßen schlechtes Licht gestellt wird. Als ein prinzipiell der Emanzipation entgegen stehendes Anliegen, das der Selbständigkeit und Autonomie behinderter Menschen im Wege steht. Patient oder Klient zu sein bedeutet demnach, dass ein Mensch eine gleichwertige und mit gleichen Rechten ausgestattete Position aufgeben muss. Die Anerkennung von Abhängigkeit und Angewiesensein wird per se in die Nähe einer inferioren Situation gebracht, die in der Gefahr steht, dass Menschen herabgewürdigt werden. Das mag der Grund dafür sein, dass Hinz einen prinzipiellen Gegensatz von Assistenz und Förderung konstruiert. So, als hätten beide nebeneinander keine Existenzberechtigung.

In diesem Beitrag tritt also ein Phänomen deutlich hervor, das Kuhlmann für exemplarisch hält. Aus seiner Sicht zeichnen sich weite Teile des Normalisierungsbegehrens durch eine übermäßige Relativierung, wenn nicht gar den Verlust der Förderdimension aus. »Damit aber wird eine Perspektive zur relativen Bedeutungslosigkeit herabgestuft, die gerade für die progressiveren Ansätze liberaler Politik immer zentral war: Dass es nämlich der gezielten *Förderung* von Personen bedarf, um es diesen allererst zu ermöglichen, ihre Gleichheit auch praktisch zur Geltung zu bringen« (Kuhlmann 2011, 42 f.).

Eine gezielte Förderung: Sie setzt voraus, dass Entwicklungshindernisse, die in der Person liegen, gesehen und anerkannt werden. Dazu ist eine gelassene Grundhaltung erforderlich, für die Defizite kein erschreckendes Fremdwort darstellt. Erst dadurch können veritable Lebenseinschränkungen, die für behinderte Menschen existieren, gezielt angegangen werden. Anders formuliert: »Damit ich unterstützen, assistieren, erzieherisch oder therapeutisch wirken kann, muss ich […] anerkennen, dass wir in der Begegnung mit anderen Menschen diese als Etwas wahrnehmen (erkrankt, geschädigt etc.) und auch als solche bezeichnen« (Stinkes 2012, 21). Zu ihrem Nutzen und nicht, weil eine hässliche Gesellschaft einen unerträglichen Anpassungs- und Normalitätsdruck ausübt. Die floskelhafte Forderung, das Ende der Defizitorientierung sei nunmehr einzuläuten, kann dieses Faktum nur notdürftig überdecken (von Freyberg 2009; Ahrbeck 2012b).

Die persönliche Situation Kuhlmanns gibt darüber beispielhaft Auskunft. Als Germanist und Philosoph ist er beruflich durchaus erfolgreich, sein großes musikalisches Interesse kann er jedoch nicht entfalten. Ein Instrument zu spielen ist ihm verwehrt: Seine Hände lassen es nicht zu, eine starke Spastik steht dem im Weg. Darunter leidet er sehr. Mit gesellschaftlicher Normalisierung hat dieses Phänomen kaum etwas zu tun. Der Kern seines Problems liegt in einer schmerzlichen Lebenseinschränkung, die sich in diesem Falle nicht aufheben lässt – so sehr Kuhlmann dies auch ersehnen mag. Ihm nahezulegen, sein Zustand lasse sich als Teil einer begrüßenswerten Verschiedenheit auffassen, dürfte sich als wenig hilfreich erweisen. Im Gegenteil: Ein Leid erzeugender und persönlich entfremdender Zustand wird dadurch trivialisiert und bagatellisiert. Insofern erweist sich die gängige Normalisierungsformel als nicht unproblematisch, weit über die persönliche Betroffenheit Kuhlmann hinaus (vgl. auch Gröschke 2002). Die Formel, »es sei normal, verschieden zu sein« ist hier ebenso inadäquat wie der Satz »Behindert ist man nicht. Behindert wird man« (Aktion Grundgesetz 1997). Kuhlmann reagiert auf solche Aussagen ein wenig genervt. Was er sich in allererster Linie wünscht, ist die Veränderung seines Zustandes.

Andere Beeinträchtigungen lassen sich durch entsprechende Förderung beheben oder zumindest wesentlich reduzieren. Für die Lebenssituation der Betroffenen, ihre innere und äußere Realität, kann sich daraus ein riesiger Gewinn ergeben. Umso bedauerlicher ist es deshalb, wenn eine gezielte Förderung nicht mit der notwendigen Konsequenz durchgeführt wird; oder der Fördergedanke selbst jene Degradierung erfährt, die Kuhlmann in gängigen Normalisierungskonzepten ausmacht. Wie im Folgenden gezeigt wird, erliegen auch wichtige Beiträge zum Inklusionsdiskurs dieser Gefahr.

Huber und Grosche (2012, 312) weisen darauf hin, dass »bislang ein geeignetes Rahmenmodell zur Umsetzung von Inklusion fehlt«. Ein solches Rahmenmodell soll Auskunft darüber geben, welche

Rolle die sonderpädagogische Expertise bei einer inklusiven Beschulung spielt, auf welche Personen sie sich bezieht und wie sie
auf bestimmte Problemlagen reagiert. Die Autoren sehen in dem
response-to-intervention-Modell (RTI) einen dafür geeigneten, zu-
kunftsträchtigen Ansatz:»RTI ist ein organisatorisches, proaktives
Konzept zur frühen Identifikation, Prävention und Intervention bei
Lern- und Verhaltensproblemen« (Huber & Grosche 2012, 312).
Eine praktische Anwendung findet es im Rügener Inklusionsmodell
(Hartke et al. 2013). Interventionen sollen demnach früh erfolgen:
Zu einem Zeitpunkt, an dem sich Problemlagen noch nicht so ver-
dichtet haben, dass ein sonderpädagogischer Förderbedarf deklariert werden muss. Die erste Zielgruppe des Modells sind deshalb
Schülerinnen und Schüler, die bereits im Vorfeld Lern- oder Ver-
haltensprobleme zeigen.»Ein zentraler Aspekt in Stufe 1 besteht in
der Diagnostik. Sie basiert auf einem systematischen Lernprozess-
Monitoring« (Huber & Grosche 2012, 314), das sich unterschiedlicher Methoden bedient. Screeningverfahren spielen dabei eine
wichtige Rolle. Erst wenn sich zeigt, dass die so erkannten Kinder
von dem angestrebten hochwertigen»evidenzbasierten« Unterricht
nicht profitieren, wird ein nächster Schritt eingeleitet. Er besteht
in einer intensivierten Förderung, die sich auf eine relativ große
Personengruppe von ca. 20 Prozent der Schülerinnen und Schüler
bezieht. Die gezielten Förderschritte, die auf der Stufe 2 erfolgen
sollen, beruhen wiederum auf evidenzbasierten Verfahren, verbunden mit einer engmaschigen Lernbegleitdiagnostik. Eine intensive
Langzeitförderung durch spezialisierte Fachkräfte, auch als Einzel-
fallhilfe bezeichnet, bildet die dritte Stufe. Sie schließt sich dann an,
wenn die bisherigen Maßnahmen keinen Erfolg brachten. Gedacht
ist hierbei an etwa fünf Prozent der Schülerinnen und Schüler. Als
Ort der Förderung kommt sowohl die Allgemeine Schule oder auch
die Sonderschule in Frage. Die zentrale Rolle der Diagnostik bleibt
erhalten, die Wirksamkeit der Fördermaßnahmen unterliegt einer
kontinuierlichen Evaluation.

Mit dem RTI-Modell verbindet sich die Hoffnung, dass durch
Prävention später auftretende massive Beeinträchtigungen zumin-

dest teilweise verhindert werden können. Das Schwergewicht sonderpädagogischer Interventionen verschiebt sich dadurch. Es ist nunmehr stärker auf den präventiven Sektor ausgerichtet, auch geleitet von dem ökonomischen Kalkül, dass sich der umverteilte Kräfteeinsatz am Ende als lohnend erweist.

Das RTI-Modell lässt sich aus unterschiedlichen Perspektiven kritisieren. Es ist in einem starken Ausmaß auf das manifeste Verhalten zentriert und zeigt demgemäß durchaus behavioristische Züge. Das begrenzt die Möglichkeiten, komplizierte pädagogische Problemlagen aufzuklären, einschließlich schwer entschlüsselbarer persönlicher Verstrickungen, die zu besonderen pädagogischen Herausforderungen führen. Ein weiterer wichtiger Kritikpunkt besteht darin, dass die Evidenzbasierung, die das Modell dominant prägt, nicht nur Vorteile aufweist. Sie reduziert, grob skizziert, kindliche Veränderungsprozesse auf das unmittelbar Zugängliche und leicht Messbare (Ahrbeck 2009; Bellmann & Müller 2011; Ferri 2012). Darüber ließe sich trefflich weiter diskutieren, doch das ist hier nicht entscheidend.

Wichtiger ist vielmehr, dass sich anhand des RTI-Modells eine grundlegende Diskussion um das Verhältnis von Prävention und Inklusion entfacht hat. Sie zu betrachten, erweist sich als überaus lohnend. In erster Linie geht es darum, dass eine umfassende Förderstrategie vorgeschlagen wird, die mit diagnostischer Hilfe früh erkennen will, wo Entwicklungsschwierigkeiten bestehen. Die Förderung, die sich daran anschließt, ist von der Überzeugung geleitet, dass es tatsächlich so etwas wie defizitäre Entwicklungen gibt. Solche, die von außen gesetzten Maßstäben nicht genügen und vor allem darin bestehen, dass kindliche Entwicklungspotentiale nicht ausgeschöpft werden. In einfacher Formulierung: Ein Kind lernt nicht richtig lesen, schreiben oder rechnen, obgleich ihm dies bei angemessener schulischer Unterstützung möglich wäre. Gleichermaßen: Verhaltensauffälligkeiten, die eine gute Entwicklung erschweren, verfestigen sich, obwohl sie mit einer gezielten pädagogischen Hilfestellung überwunden werden könnten. Das ist der Kern des RTI-Modells.

Für Hinz ist ein solcher Ansatz mit dem Anliegen der Inklusion unvereinbar. Daran lässt er keinen Zweifel:»All das steht im krassen Widerspruch zu Inklusiver Pädagogik« (Hinz 2013, 9). Im Mittelpunkt seiner Kritik steht ein Fördergedanke, der äußeren Maßstäben verpflichtet ist.»Der deutlichste Widerspruch zu inklusiven Vorstellungen dürfte darin bestehen, dass bei Prävention der Anschluss an die allgemeine Entwicklung angestrebt wird und Inklusion genau die Freiheit für das Gegenteil postuliert, nämlich die Legitimität individueller Lernwege und Entwicklungen« (Hinz 2013, 8). Und kurz darauf:»[H]ier wird versucht, die Kinder zu üblichen und offenbar selbstverständlich vorausgesetzten Entwicklungswegen ›hinzufördern‹, sie sind und haben ›das Problem‹ [...] Hier ist massiv und aggressiv fördernde und fordernde Sonderpädagogik am Werk, das hat nichts mit Inklusion zu tun« (Hinz 2013, 9).

Die Ablehnung äußerer Entwicklungsvorgaben könnte kaum krasser formuliert werden. Wer den»Anschluss an die allgemeine Entwicklung« sucht, verfolgt ein illegitimes Ziel, so heißt es. Er missachte die kindliche Individualität und gehe»massiv« und»aggressiv« gegen die ihm anvertrauten Kinder vor. Das zu verstehen, fällt nicht ganz leicht. Offensichtlich existiert hier eine Vorstellung von Individualität, die ihren eigenen Gesetzen folgt und sich in einer gewissen Realitätsferne am besten entfalten kann. Die Kinder sollen frei sein, sich entsprechend ihrer inneren Logik zu entfalten, den Gesetzen gehorchend, die ihre Individualität erlässt. Ein solcher Blick auf die kindliche Entwicklung ist allerdings extrem verkürzt, soziologisch, pädagogisch und psychologisch.»Die Phrase, dass jeder anders sei, ist in einem trivialen Sinne richtig, soziologisch betrachtet aber insofern falsch, als damit die homogenisierende Kraft der ökonomisch bestimmten Kultur- und Identitätsindustrie unterschätzt wird« (Dammer 2011, 27). Die Pädagogik wird sich daran orientieren müssen, außerhalb dieses Raumes kann sie sich nicht erfolgreich ansiedeln. Gleichermaßen ist es ihr unmöglich, auf zentrale Zielbestimmungen zu verzichten. Erst sie geben ihrer Arbeit den unerlässlichen Inhalt und die notwendigen Direktiven. Psychologisch betrachtet ist, bei aller Achtung des kindlichen Eigensinns, die Wirkung ihrer Selbstkonstruktionskräfte begrenzt. Kinder sind auf sie leitende Erwachsene angewiesen, auf klar konturierte Erziehungspersonen, die ihnen den Weg ins Leben weisen (ausführlich: Savater 1998; Reichenbach 2000; Ahrbeck 2004; Ahrbeck & Rauh 2006). In diesem Sinne ist auch Kuhlmanns Kritik am Normalisierungsdiskurs zu verstehen, seine Besorgnis darüber, dass die Förderdimension allzu sehr in den Hintergrund gerät. Dass dies faktisch geschieht, hält er für erwiesen – als Folge eines absichtsgeleiteten Handelns. »Hiermit wird [...] ganz bewusst ein Aspekt ausgeblendet, der die Situation vieler betroffener Personen kennzeichnet: ihre Bedürftigkeit, ihre Defizite, ihre partielle oder weitgehende Abhängigkeit von Fürsorge« (Kuhlmann 2011, 43).

Auch Hinz entgeht dieser Gefahr nicht: Es ist schon erstaunlich, mit welcher Heftigkeit gängige gesellschaftliche Erwartungen zu einer bedrohlichen Angelegenheit erklärt werden; mit der Folge, dass eine Förderung, die der Person zu Gute kommen soll, bestenfalls zu einer zweitrangigen Größe mutiert. Dabei geht es, daran sei noch einmal erinnert, im vorliegenden Fall um das Erlernen elementarer Kulturtechniken und basaler Verhaltensmodi. Also um Bildungs- und Entwicklungsvoraussetzungen, die für die weitere Entwicklung unentbehrlich sind. Hinzu kommt: Man wird die Augen nicht davor verschließen können, dass es in der Tat einzelne Kinder sind, die sich in bestimmten Problemlagen befinden. Ein Kind, das nicht vernünftig lesen, schreiben oder rechnen lernt, ist in allererster Linie selbst davon betroffen. Ihm fehlen Kenntnisse und Fertigkeiten, die es dringend benötigt. Die Folgen davon wird es in der Lebensspanne selbst zu tragen haben, niemand sonst und vor allem kein abstraktes System Schule.

Dieser Auffassung ist auch Weiß (2013), der sich ebenfalls kritisch mit Hinz auseinandersetzt. Zu klären ist für ihn das grundlegende Verhältnis von Prävention und Inklusion, das anhand des RTI-Modells beispielhaft aufgerufen wird. Beide, Prävention und Inklusion, stehen aus seiner Sicht in keinem unüberwindbaren Gegensatz: »Bei aller notwendigen Anerkennung ›individueller Lernwege und Entwicklungen‹ (Hinz 2013, 10) wird es unter dem Gebot der Bildungsgerechtigkeit darauf ankommen, Kinder mit psychosozialen Risiken auf verschiedenen Ebenen zu stärken« (Weiß 2013, 213). Und kurz darauf: Es wäre »im Blick auf sozial benachteiligte Kinder verhängnisvoll, den Anspruch auf Prävention und Kompensation in inklusiven Kontexten aufzugeben. Dies widerspräche zum einen dem Gebot der ausgleichenden Gerechtigkeit bzw. – pointierter formuliert – dem ›Prinzip der gerechten Ungerechtigkeit‹ (Engler 2005, 305). Zum anderen belegen zahlreiche Effektivitätsstudien, dass gerade bei Kindern in sozioökonomisch prekären Lebensverhältnissen adäquate Förderung von der Kleinkindzeit bis in die Schulzeit hinein präventiv wirksam sein kann (vgl. Mayr 2000). Würde man auf diesen Präventionsanspruch verzichten, liefe die unbedingte Akzeptanz benachteiligter Kinder in einer ›Pädagogik der Vielfalt‹ Gefahr, ungewollt zu deren ›wohlwollender Vernachlässigung‹ (Rappaport 1985, 268) beizutragen« (Weiß 2013, 213).

Eine Unterstützung erfährt Hinz durch Schumann (2013) ebenso wie durch Ferri (2012). Auch Schumann hält den RTI-Ansatz für gänzlich ungeeignet, um eine inklusive Bildung zu ermöglichen. Mehr noch: Es handele sich beim RTI um »ein ›Trojanisches Pferd‹, das Inklusion untergräbt« und dadurch verhindert (Schumann 2013, 1), also um ein ausgesprochen gefährliches Unternehmen. Kritisiert wird insbesondere, dass eine Ausweitung des sonderpädagogischen Einflusses geplant sei. Die Sonderpädagogik, die sich bisher einer relativ kleinen Personengruppe gewidmet hat, solle sich nunmehr auch um jene Schüler kümmern, die bereits im Vorfeld Probleme aufweisen. Damit könne sie, so Schumann, ihr ohnehin fragwürdiges Werk fortschreiben – jetzt sogar noch auf breiterer Ebene. Bereits die Erhebung eines sonderpädagogischen Förderbedarfes sei hochproblematisch gewesen, aufgrund seiner unumgänglich stigmatisierenden und die Schüler schädigenden Folgen. Nunmehr setze sich diese Fehlentwicklung an einem neuen Ort fort, ohne dass sich eine Besserung abzeichne. »Die Stufen innerhalb von RTI wirken [...] als Teile eines stigmatisierenden Etikettierungsprozesses, auch wenn es offiziell um präventive Förderung geht« (Schumann 2013, 1). Inklusive Bildungsprozesse müssten darauf jedoch verzichten. Sie bedürften einer ganz anderen Form von Diagnostik, die sich als inklusionstauglich erweist; und zudem eines neuen Verständnisses ihrer pädagogischen Aufgabe.

Ferri (2012) teilt dieses Anliegen. In einem im »International Journal of Inclusive Education« veröffentlichten Artikel beklagt sie zunächst, dass sich die Sonderpädagogik bei allen vorangehenden Reformen in ihrem Kernbestand behauptet habe. »In reform after reform, however, the more the special education changes, the more it seems to remain the same« (Ferri 2012, 863). Zweifelsfrei sei sie auch weiterhin daran interessiert, dass sie erhalten bleibt. Das RTI-Modell, das ist Ferris Hauptthese, werde vor allem als ein taktisches Vehikel benutzt, um den Einfluss und die Macht der ›special education‹ zu bewahren. »RTI is not so much a reform but a tactic, aimed at returning to the status quo of segregated special education and reinvigorating many of the foundational assumptions of traditional special education practice« (Ferri 2012, 864). Mit anderen Worten: Es stehe im Dienst unlauterer Motive.

Hier tritt noch einmal deutlich hervor, aus welchen Quellen sich die radikale Kritik am RTI-Modell nährt. Suspekt ist neben dem präventiven Anliegen, das als inklusionsunverträglich gilt, auch der Rückgriff auf spezielle pädagogische Settings, die konzeptgemäß allerdings erst am Ende der Interventionskette und bei unzureichendem Fördererfolg bemüht werden sollen. Dahinter stehend und noch basaler stößt die sonderpädagogische Beteiligung auf Ablehnung. Mit all dem, was Hinz, Schumann und Ferri damit verbinden: Einem ungerechtfertigten Festhalten an vorgegebenen Bildungszielen, den daraus resultierenden interindividuellen Leistungsbewertungen, der Prävention bei früh feststellbaren Entwicklungsproblemen und einer gezielten Förderung vorhandener Schwächen, die als solche anerkannt und benannt werden.

Wie es scheint, wird die Sonderpädagogik hier stellvertretend in Haftung genommen. Dafür, dass sie grundlegende Anforderungen, die an Erziehung und Unterrichtung zu stellen sind, übernimmt und ihnen nicht widerspricht. Diese Anforderungen entstammen dem Auftrag der allgemeinen Pädagogik, auch wenn sie in Teilen durchaus ungeliebt sein mögen. Die Sonderpädagogik hat sie nicht selbst entworfen, sie setzt sie nur fort. Das bringt ihr heftige Vorwürfe ein (ausführlicher dazu Kapitel 5).

An Versuchen, Gegenmodelle zu formulieren, mangelt es nicht. Das zeigen die Ausführungen der weiteren Kapitel ebenso wie der hier beispielhaft herangezogene Entwurf einer »Inklusiven pädagogischen Diagnostik«, der einer »Expertise« zur »Inklusive[n] Bildung in der Primarstufe« (Prengel 2013) entnommen ist. Schumann (2013, 2) fasst sein Kernanliegen so zusammen: »Ziel der Diagnostik in einem inklusiven Klassenzimmer besteht für Prengel nicht darin, ›Fehlentwicklungen‹ frühzeitig zu identifizieren. Inklusive Pädagogik misst Kinder nicht an einem Normalitätsverständnis, das vorschreibt, was Kinder zu einem bestimmten Zeitpunkt zu können haben.« Kinder sollen demzufolge nicht – wie im RTI-Modell – klassifiziert und als solche eingeordnet werden, die besondere Schwierigkeiten im Lernen oder ihrer sonstigen Entwicklung haben. Das sei nicht die Aufgabe einer inklusiven Diagnostik und Pädagogik.

Eine »Aufspaltung zwischen als besonders und normal konstruierten Kindern widerspricht dem inklusiven Kindermenschenbild, dem die Individualität jedes einzigartigen Kindes entspricht«, so heißt es dann auch unmissverständlich bei Prengel (2013, 50). Und an anderer Stelle: »Die Pädagogik der Vielfalt geht aus von der ›Unbestimmbarkeit der Menschen‹, sie kann darum nicht diagnostizieren, ›was jemand ist‹, noch ›was aus ihr oder ihm werden soll‹. Sie wendet sich gegen alle Verdinglichungen in Gestalt von Definitionen, was ein Mädchen, ein Junge, ein Verhaltensgestörter, eine Türkin […] sei« (Prengel 2006, 191). Verbindliche Leitbilder, an denen sich die pädagogische Arbeit ausrichten kann, seien mit einer Pädagogik der Vielfalt unvereinbar, sie dürfe es nicht mehr geben. Zieldiskussionen erübrigten sich deshalb. Als zulässig gelten allein Prozessbeschreibungen und -analysen, die sich auf die Entwicklung der einzelnen Person in enger Bindung an Umweltfaktoren beziehen.

Die Folgen, die daraus resultieren, sind weitreichend. Wenn zentrale Zielvorgaben, die über das unmittelbar Persönliche hinausreichen, nicht mehr existieren dürfen und interindividuelle Vergleichsmaßstäbe obsolet werden, entsteht ein völlig verändertes Schülerbild. Mit den herkömmlichen Vorstellungen über Schule und ihre Differenzierungsfunktion ist es unvereinbar, denn nunmehr soll gelten: »Das Prinzip der grundlegenden humanen Anerkennung setzt das Konstrukt des ›schlechten Schülers‹ im Bildungswesen außer Kraft« und lässt »damit ein Quelle von Diskriminierung und gruppenbezogener Menschenfeindlichkeit versiegen« (Prengel 2013, 5 bzw. 53). »Schlechte« Schüler soll es also nicht mehr geben.

Als weitere Begründung wird angeführt, dass jedes Kind auf seiner Entwicklungsstufe kompetent sei. Gemessen an den eigenen Möglichkeiten gleich kompetent, so müsste es in genauerer Formulierung heißen. Ein Blick auf die Schwächen eines Kindes gilt deshalb als störend, unnötig, überflüssig. »Wenn Defizite erhoben werden, kommt damit nicht in den Blick, wo das Kind gerade steht, denn wenn man Schwächen und Probleme kennt, weiß man noch längst nichts darüber, was ein Kind schon kann« (Prengel 2013, 51). Die Aufmerksamkeit soll sich deshalb auf die nächsten Entwicklungsschritte des Kindes richten, im Rahmen hochindividueller pädagogischer Angebote, die ohne Defizitbeschreibungen, Kränkungen und Beschämungen auskommen.

Konsequent zu Ende gedacht, müsste mit der Kategorie des schlechten Schülers auch die des guten Schülers aufgegeben werden. In der vorgetragenen Logik ist für ihn kein Platz mehr: Denn man wird das eine nicht ernsthaft erreichen können (›keine schlechten Schüler mehr‹), ohne auf das andere (›gute Schüler‹) zu verzichten. Ein Benennungsverbot macht nur Sinn, wenn es sich in beide Richtungen erstreckt.

Doch ganz so eindeutig, wie sie bisher erscheint, ist Prengels Position am Ende dann doch nicht. Leistungshierarchien und die Selektionsfunktion der Schule werden, im Gesamtkontext ein wenig überraschend, nicht rundum abgelehnt. Sie sollen anerkannt werden, »ohne ihnen die Dominanz im Bildungswesen einzuräumen« (Prengel 2013, 52). Daran ist sicherlich richtig: Die schulischen Aufgaben sind zu vielfältig und weit gestreut, als dass sich der Grundschulalltag von einem permanenten Leistungswettstreit verzehren sollte. Eine Schule, die fast ausschließlich unter harten Wettbewerbsbedingungen geführt wird, stellt für alle Beteiligten eine Verarmung dar. Anders gelagerte Erlebens- und Erfahrungsbereiche kommen in diesem Fall zu kurz. Anregungen und Bereicherungen entfallen, die ebenfalls zu den Kernaufgaben der Schule gehören. Doch das dürfte kaum strittig sein. Die kontroverse Frage ist vielmehr, welche Bedeutung schulischen Leistungen eingeräumt wird, wann die (kritisierte) Dominanz des Leistungsprinzips einsetzt und wo (un)erwünschte Differenzierungen beginnen,

Bei der Lektüre des Gutachtens fällt auf, wie reserviert Prengel vergleichenden Leistungsbewertungen gegenüber steht. In der Relevanzreihung diagnostischer Aufgaben nehmen sie den letzten Platz ein. Kindern müsse, wie hervorgehoben wird, immer wieder vermittelt werden, dass sie in ihrer Menschenwürde unantastbar seien. Die Anerkennung ihrer persönlichen Fähigkeiten sei vorrangig zu garantieren, auch darauf wird größter Wert gelegt. Erst danach dürften sie mit Leistungsvergleichen in Berührung kommen. Eine hohe Sensibilität seitens der Lehrkräfte wird dabei angemahnt, verbunden mit der Bereitschaft, leistungsschwächeren Schülern tröstend zur Seite zu stehen. Dieses überaus vorsichtige Vorgehen signalisiert, dass Leistungsvergleiche zwischen Schülern ein gefährliches Unternehmen sind, etwas für leistungsschwächere Schüler hoch Belastendes und eigentlich kaum Zumutbares, das nur durch diverse Vorsichtsmaßnahmen entschärft und erträglich gestaltet werden kann.

Wenn ein grundlegend gewandeltes Schülerbild entstehen soll und pädagogische Inhalte neu definiert werden, spielen Haltungs- und Anerkennungsfragen eine immense Rolle (z. B. Reich 2008, 47 ff.; Frühauf 2010, 22). Was genau mit Haltungen gemeint ist, bedarf allerdings der Klärung. Geht es um eine Ausweitung und Stärkung einer bereits bestehenden, weit verbreiteten Grundhaltung, die sich durch Offenheit und Toleranz auszeichnet; unter Anerkennung aller Irritationen, die dabei auftreten können und die wohl unvermeidlich sind? Wird an ein Fortschreiten auf einem guten Entwicklungsweg gedacht? Oder soll ein Bruch mit der Vergangenheit

51

erfolgen, so dass etwas radikal Neues entsteht: Eine grundlegende Neujustierung von Werten und Haltungen, die bisher unmöglich war? Einiges spricht dafür, dass letzteres für möglich und wünschenswert gehalten wird und entsprechend durchgesetzt werden soll (ausführlich dazu das nächste Kapitel).

Dlugosch (2010) hat sich damit auseinandergesetzt, was unter einer »inklusiven Haltung« verstanden werden kann. Sie benennt unterschiedliche Ausprägungen, die sich als Ausdruck eines neuen pädagogischen Leitbildes verstehen. Auf dichotome Sichtweisen, etwa in behindert und nicht-behindert, soll demzufolge verzichtet, eine Achtung vor dem Anderssein erworben und gelebt, dem Mitmenschen verantwortlich begegnet und vom Individuum und seinen Stärken her gedacht werden. Bei Wilhelm & Bintinger (2001, 4), auf die sich Dlugosch unter anderem bezieht, heißt es: »Die Wertebasis pädagogischen Handelns ist in der inklusiven Schule begründet auf der Humanisierung und Demokratisierung der Schule, auf Freiheit, Solidarität, Gleichheit und Gerechtigkeit und auf die Unteilbarkeit dieser Prinzipien. Die inklusive Einstellung und Haltung baut auf ein ganzheitliches Weltbild und ein ganzheitliches Menschenbild.«

Nur was ein ganzheitliches Weltbild eigentlich ist, ein ganzheitliches Menschenbild, das verraten die Autorinnen nicht. Und auch in anderen Schriften findet sich dazu kaum jemals der Versuch einer gehaltvollen Klärung. Bei Prengel (2013, 53) findet sich folgende Textpassage zur inklusiven Haltung: Es sei »in der inklusiven Grundschule wichtig […], Kinder nicht zu verletzen. Kränken, bloßstellen, anschreien, destruktiv kritisieren und diskriminieren werden nicht hingenommen, und es ist eine dauerhafte Aufgabe, solches pädagogisches Fehlverhalten zu vermindern. Stattdessen geht es den pädagogischen Fachkräften darum, Kindern zuzuhören, sie zu ermutigen, ihre Leistungen anzuerkennen, sie bei Kummer und Schmerzen zu trösten, ihnen zu helfen, mit ihnen zu lachen und Grenzen integrierend zu setzen.«

Jedes Kind soll in der Schule willkommen geheißen werden, so heißt es häufig. Die Wertschätzung der Person, die Achtung ihrer

Einzigartigkeit, die Stärkung individueller Entfaltungsmöglichkeiten, das sind Desiderate, die immer wieder bei Haltungsfragen auftauchen. Ihnen kann nur zugestimmt werden, sie stellen zweifelsfrei hohe Werte in der pädagogischen Arbeit dar, in jeder ihrer Teildisziplinen. Nur: So lange diese Begriffe so allgemein gehalten werden, fällt es schwer zu beurteilen, worin sie sich vom Bisherigen unterscheiden. Waren Freiheit und Gerechtigkeit keine allgemeinen Prinzipien, denen sich Lehrerinnen und Lehrer bisher verpflichtet fühlten? Waren sie zuvor, in der Regel jedenfalls, nicht mit ihren Schülerinnen und Schüler positiv genug identifiziert? Haben sie ihnen keine oder nur unzureichend Wertschätzung und Zuwendung entgegen gebracht, keinen wirklichen Respekt, keine Achtung? Gab es eine gravierende flächendeckende Mangelsituation, die auf der persönlichen Haltungsebene – darum geht es hier – einer dringenden Korrektur bedarf?

Der Anerkennungsbegriff ist an diesem Punkt deutlich im Vorteil. Er ist nicht nur sozialwissenschaftlich gut etabliert, sondern belegt auch in der aktuellen Inklusions-Exklusionsdiskussion einen prominenten Platz. Der Stellenwert, der der Anerkennungstheorie eingeräumt wird, ist beträchtlich. Sie gilt inzwischen als eine der zentralen Referenztheorien.

Kronauer (2010) und Felder (2013) weisen im Anschluss an den aktuellen soziologischen Fachdiskurs darauf hin, dass das Gegensatzpaar Exklusion – Inklusion die (schulische) Lebensrealität nur unzureichend beschreibt. »Was droht, ist aber nicht, wie in der sonderpädagogischen Diskussion um Inklusion oder Exklusion oft angenommen, Exklusion aus der Gesellschaft, sondern der Ausschluss aus gesellschaftlich wie gemeinschaftlich wichtigen reziproken Anerkennungsverhältnissen, wie sie sich auch in Bildungsverhältnissen auf komplexe Art und Weise ausdrücken« (Felder 2013, 137). Anders als bei der dichotomen Gegenüberstellung von Inklusion und Exklusion, die einfache Lösungen zumindest nahelegt, fällt die Aufgabe, eine adäquate Bewertung der Lebenssituation behinderter Menschen vorzunehmen, beim Rekurs auf Anerkennungsverhältnisse deutlich anspruchsvoller aus.

Anerkennung kann sich, je nach theoretischer Verortung, auf verschiedene Lebensfelder beziehen, verbunden mit jeweils unterschiedlichen affektiven Beteiligungen. Die Anerkennung, die sich aus der primären Liebe im Elternhaus speist, ist eine ganz andere als die, die sich aus einer erfolgreichen Bewältigung beruflicher Aufgaben ergibt. Anerkennung kann als eine Rechtsposition verstanden werden, die jedem Bürger als autonome Person zusteht und auf die er sich ohne Widerspruch berufen darf – das wäre die am stärksten gesellschaftlich geprägte Seite der Anerkennung. Liebes- und freundschaftliche Beziehungen repräsentieren hingegen einen anderen, intimen, privaten und persönlichen Pol.

Honneth (1994) hat drei unterschiedliche Anerkennungsformen formuliert, die insofern auf einer gemeinsamen Grundlage beruhen, als das Gegenüber in jeder dieser Stufen als ein gleicher oder gleichberechtigter Partner angesehen wird. Es ist ein übereinstimmendes Moment, die prinzipielle Gemeinsamkeit von Bedürfnissen und Wünschen, die den Kern dieser Anerkennungstheorie ausmacht. Ihre einzelnen Positionen werden als die der Liebe, der rechtlichen Anerkennung und der sozialen Wertschätzung beschrieben. Die erste Form der Anerkennung entfaltet sich hochselektiv, einer speziellen individuellen Bedürfnislage folgend, ohne dass sie sich von außen herbeiführen ließe. Die Gesellschaft kann die Liebe zwischen Personen nicht erzwingen.

Anders gestaltet und weit davon entfernt ist die rechtliche Anerkennungsposition. Sie entspricht den in der Verfassung festgelegten bürgerlichen Rechten, denen zufolge die Würde des Menschen unantastbar ist und diverse Persönlichkeitsrechte garantiert werden. Jeder Mensch ist vor dem Recht gleich und zugleich Träger der gleichen Rechte und Pflichten.

Dazwischen steht die dritte Anerkennungsposition, die der sozialen Wertschätzung. Von einiger Bedeutung ist dabei, dass sie nicht im Sinne eines passiven Duldens zu verstehen ist, nicht als eine innerlich beteiligungslose Beziehungsform, die sich mit der physischen Anwesenheit des Anderen zufrieden geben könnte. Das Gegenüber soll vielmehr als konkrete Person in den Blick geraten, insbesondere in seinen als wertvoll erachteten, auch für die Gesellschaft fruchtbringenden Leistungen. Damit ist eine wichtige Dimension benannt, die der persönlichen Wertschätzung, einer inneren Zuwendung, die alles andere als »gleichgültig« ist. Äußere Rahmenbedingungen haben darauf durchaus einen Einfluss. Zum Beispiel durch die rechtliche Gestaltung von Arbeitsbeziehungen, die den Nachteil von Behinderungen ausgleichen und für Gleichberechtigung sorgen sollen. Auch in der Hoffnung, dass sie somit zu einem inneren Einstellungswandel beitragen.

Vor diesem Hintergrund lässt sich soziale Anerkennung, sicherlich im Sinne Honneths, noch stärker psychologisch akzentuieren. Sie ist dann als ein kraftvoller, emotional besetzter Akt der Hinwendung zum anderen zu verstehen, der eine aktive Auseinandersetzung mit der betreffenden Person erfordert. Mit der Art und Weise, wie sie ihr Leben bzw. ihre einzelnen Lebenssegmente gestaltet, wie sie sich um gesellschaftlich anerkannte Leistungen bemüht und um eine gute Lebensbewältigung ringt, wie sie mit ihren Schwierigkeiten umgeht, aber auch mit dem Umstand, dass sie Niederlagen erleiden und scheitern kann.

Respekt, Achtung und Anerkennung kann nur einer Person entgegen gebracht werden, die umfassend in das Blickfeld des Betrachters gerät. Eine persönliche Zuwendung setzt voraus, dass der Andere in seiner inneren und äußeren Realität angemessen wahrgenommen und verstanden wird. Allein das Faktum, dass ein Mensch behindert ist und eventuell einen Förderstatus erhält, begründet keine wie auch immer geartete Anerkennung. Genauso wenig wie der Umstand, dass Menschen verschieden sind.

Dazu gehört aus professioneller Sicht, dass Lebenserschwernisse mehr als nur oberflächlich betrachtet werden. Ohne differenzierten Theoriebezug, ohne Differenz bildende Kategorien, ohne kritische Distanz zur Begriffswelt des Alltäglichen lässt sich diese Aufgabe kaum bewältigen. Die Befürworter einer radikalen Dekategorisierung behaupten allerdings das Gegenteil. Für sie stehen die kategorialen Differenzierungen des Faches der »Anerkennung der individuellen Einzigartigkeit« (von Stechow 2005, 80) eines Schülers oder einer Schülerin entgegen. Das bringt Schülerinnen und Schüler in eine merkwürdige Position.

Stinkes (2012, 2013a, b) hat sich in mehreren Veröffentlichungen mit der Frage auseinandergesetzt, wie sich Beziehungen zu Menschen mit und ohne Behinderung so gestalten lassen, dass das Fremde im Anderen anerkannt und zugleich ein Verbleiben »im Schutzbereich des Ethischen« (Stinkes 2013b) gesichert wird. Gegenüber Festlegungen, die dazu angetan sind, Achtung und Würde zu beschädigen, die diffamierend und stigmatisierend wirken können, reagiert die Autorin sehr sensibel, das wird aus ihren Texten immer wieder deutlich. Für die Verletzlichkeit, die Menschen mit Behinderung aufweisen, hat sie ein offenes Ohr; und eine ausgeprägte Besorgnis darüber, dass sie an den Rand der Gesellschaft gedrängt werden könnten.

Die Vulnerabilität, auf die Stinkes sich bezieht, ist aber keine solche, die Menschen mit Behinderung als Besondere ausweist. Angewiesensein und Verletzlichkeit sind für sie vielmehr Kategorien, die alle Menschen in je spezifischen Ausformungen eint. Im Körperlichen ebenso wie im Sozialen und im Psychischen, »diese Verletzbarkeit kann nicht irgendwann in unserem Leben ›eingeholt‹ oder willentlich verlassen werden« (Stinkes 2013b, 127). Menschen ist es deshalb zu Eigen, dass sie nicht im vollen Umfang über sich verfügen. Teile ihres Selbst bleiben ihnen fremd. Erst wenn dieser Umstand akzeptiert wird, kann eine Annäherung an den Anderen erfolgen, die seine Anerkennung ermöglicht. Dadurch, dass er zugleich als fremd und als zugehörig in Erscheinung tritt. Das ist die Brücke, die Stinkes für unentbehrlich hält, damit eine Verständigung und ein gegenseitiges Verständnis gelingen können. Die Gewährsleute, die diesen Überlegungen zugrunde liegen, sind vielfältig: Merlau-Ponty, Levinas, Wadenfels, Butler werden unter anderem genannt.

Die besondere Verletzlichkeit von Menschen mit Behinderung erstreckt sich auf ihre gesamte bio-psychisch-soziale Situation. Das erfordert ein weites Aufmerksamkeitsfeld und eine im wahrsten Sinne des Wortes freundliche Grundhaltung, die nichts Verschwimmendes an sich hat und Irritationen zulässt. Vor diesem Hintergrund kann eine Begegnung verantwortlich gestaltet werden: Indem der Andere, der behinderte Mensch, umfassend in den Blick gerät – bei unerschrockener Wahrnehmung seiner Fremdheit. Bestehende Einschränkungen, die sein Leben (mit)prägen, dürfen nicht übersehen oder gar verleugnet werden. Sie erfordern eine begriffliche Fassung und eine ausdrückliche Bestätigung. Ohne ein Bewusstsein von Unterschieden, die aus dem Vergleich mit anderen resultieren, ist dies unmöglich. Einer Dekategorisierung, wie im Inklusionsdiskurs gefordert, steht Stinkes deshalb skeptisch gegenüber. Nicht trotz, sondern aufgrund der Überlegungen, die sie entfaltet hat.

Kinder dürften nicht mehr diagnostiziert werden, so heißt es vielfach, man möge ihnen dies ersparen. Das klingt freundlicher als es ist. Unklar bleibt dabei zunächst nämlich, wem dieser Wunsch eigentlich dienen soll, den Kindern selbst oder ihren Betrachtern? Auch für letzteres spricht einiges. Die von unlauteren Diagnosen befreiten Kinder könnten ein unbeschwerteres und erfüllteres Leben führen, das ist die der Dekategorisierung zugrunde liegende, weitreichende Hoffnung. Sie seien von der Last befreit, die ihnen eine an das kategoriale Denken gebundene, wenig sensible und rücksichtsvolle Umwelt auferlegt hat. Ein neues oder anderes, auf jeden Fall besseres Selbsterleben werde dadurch möglich und auch eine humanere Form der Beziehungsgestaltung.

In der Sache klar, wenngleich vorsichtig formulierend, hält Stinkes diese Annahme für eine (Selbst-)Täuschung, die durchaus interessengeleitet erfolgt. Deshalb heißt es: »Anerkennung und De-Kategorisierung – wie sollte man dieses Begriffspaar erläutern, ohne mit jeder Geste der Anerkennung nicht auch schon eine Überheblichkeit mitschwingen zu lassen? De-Kategorisierung gibt vor, sich davon ›enthalten‹ zu können, ›rein‹ zu bleiben in dem Sinn, dass man ohne Vor-Urteile sehen könnte. Es hieße, sich an einen Ort zu imaginieren, der die Verknüpfung des Eigenen mit dem Fremden nicht sieht« (Stinkes 2013b). Mit anderen Worten: Es wird ein Ort gesucht, ein sicherer Hafen ersehnt, der Pädagoginnen und Pädagogen an entscheidenden Punkten der inneren und äußeren Realität

57

entlasten soll. Von dem Wissen um eine schmerzliche Differenz, die der pädagogischen Arbeit mit behinderten Kindern immanent ist, von der Infragestellung der eigenen Unschuldsannahme, vor dem Auftauchen ungeliebter Seiten des eigenen Erlebens und davon, dass Beziehungsverstrickungen entstehen, die irritierende Seiten des Selbst offenbaren.

Nicht nur die Kinder sollen befreit werden, sondern auch die Erwachsenen hegen einen solchen Wunsch für sich selbst. Schuld und Scham, Irritationen und unaufklärbare Ungewissheiten dürfen deshalb nicht mehr zum Thema werden, weder in den beteiligten Personen selbst noch in ihrer Beziehung zueinander. Damit aber werden zugleich diejenigen Bedingungen aufgegeben, die Stinkes für eine Anerkennung des Anderen als unerlässlich erachtet. Der Boden für die Anerkennung wird Kindern mit Behinderung auf diesem Weg entzogen. Sie können nicht mehr so in Erscheinung treten, wie sie wirklich sind. Dementsprechend gilt: »Die Aussage, ›es ist normal, verschieden zu sein‹ banalisiert [...] Verschiedenheit, weil sie weder die radikale Fremdheit noch die Verantwortlichkeit dem anderen Menschen gegenüber ernst nimmt« (Stinkes 2012, 21).

In den Ausführungen Stinkes wird nur höchst selten auf psychoanalytische Autoren rekurriert. Die dort vertretenen Sichtweisen zum Umgang mit dem Fremden sind aber in weiten Bereichen mit den vorgetragenen Ausführungen kompatibel. Viele psychoanalytische Beiträge zur psychischen Konstitution des Menschen stehen dem durchaus nahe, was Stinkes zumeist soziologisch und philosophisch hergeleitet hat. Dazu gehören die grundlegenden Annahmen zur basalen Entwicklung in Bindung und Angewiesensein, zu den sich entfaltenden Objektbeziehungen auf Basis des unbekannt bleibenden oder nur zunächst Unerkannten, zur Wahrnehmungsdifferenzierung und Abwehrorganisation und zu einer Beziehungsdynamik, in der es gilt, Schwieriges, Irritierendes, Widerspenstiges und Ungeliebtes zu integrieren. Wie an anderer Stelle gezeigt (Ahrbeck 2006; 2012b), lässt auch diese Perspektive kaum anders gelagerte Schlussfolgerungen zu als die, die Stinkes gezogen hat. Dort heißt es: »Wie soll ein für den Schüler sinnvolles, bedeutungsvolles, förderbezogenes und bildendes Lernen möglich werden, wenn der/ die Pädagoge/in diesen nicht mehr als eine syndromspezifische Besonderheit anerkennt? Ein Nicht-Sehen dieses Zusammenhangs, ein Verschweigen, könnte man auch lesen als Verdrängung, ein Abwehrmechanismus, bei dem bedrohliche und tabuierte Inhalte und Vorstellungen von der bewussten Wahrnehmung ausgeschlossen werden: [...] Ist es ein Tabu einzugestehen, dass Behinderung ihren ›behindernden Charakter‹ für die einzelne Person behalten könnte, unabhängig davon, in welche Organisationsformen wir schulisches Lernen bringen?« (Stinkes 2013a, 88).

# 4

## Auf dem Weg zu einer inklusiven Gesellschaft. Oder: Was ist eine inklusive Gesellschaft?

*»Wer das Ziel nicht kennt, wird den Weg nicht finden.«*
*Christian Morgenstern*

Mit der Inklusion verbinden sich nicht selten weitreichende Hoffnungen und Erwartungen. Häufig wird sie als ein Umbruch in der menschlichen Entwicklung angesehen, als ein Schritt von so gravierender Bedeutung, dass er dem Zusammenleben von Menschen mit und ohne Behinderung eine neue Dimension verleiht. Als zentraler Referenzpunkt dient die UN-Konvention über die Rechte von Menschen mit Behinderung. »Noch nie hat eine internationale

Menschenrechtskonvention in Deutschland so viel Aufmerksamkeit gefunden, so große Erwartungen genährt und geradezu Enthusiasmus ausgelöst wie die Behindertenrechtskonvention« (Bielefeldt 2010, 66).

Dazu einige Beispiele:»Die BRK muss als ein Meilenstein erkannt werden, der zugleich Grenzstein ist zum Übergang in eine neue Welt, die gänzlich verschieden ist von dem, was aus der Vergangenheit kommt, das heißt, der Geist der BRK weht nicht in eine Richtung, die höchstens einen Weg des ›Mehr vom Gleichen‹ markieren möchte« (Dreher 2012, 30). Alles Bisherige soll also in den Schatten gestellt werden, eine völlig neue Epoche des Zusammenlebens beginnen. Wocken, der bereits die Integration behinderter Schüler als»kopernikanische Wende der Behindertenpädagogik« (Wocken 1990, 39) bezeichnete, sieht nunmehr den Endpunkt der historischen Entwicklung nahen:»Inklusion ist die ultimative Integration, sozusagen der Olymp der Entwicklung, danach kommt nichts mehr« (Wocken 2012, 72).

Platte (2005, 14) spricht in einer Schrift über die»Didaktische Fundierung inklusiver Bildungsprozesse« von einem»naturgegebenen« Zustand: Es gelte,»die Vielfalt im gemeinsamen Leben und Wachsen unterschiedlicher Kinder spürbar zu machen und als in der gemeinsamen Welt naturgegeben anzuerkennen, um daraus zu schöpfen und sowohl Entfaltung von Individualität als auch von Gemeinsamkeit und Verbundenheit zu entwickeln.« Und von Lüpke (2010, 45) kennzeichnet das Leben in einer inklusiven Welt folgendermaßen:»Inklusion heißt, miteinander, in Gemeinschaft verschiedenster Mensch zu leben, in Ehrfurcht vor dem Leben eines jeden, in dialogischen Wechselbeziehungen, in Barmherzigkeit mit sich selbst wie mit anderen und in herzlicher und tätiger Liebe zusammen zu leben und dies zu einer alle verbindenden, die Gesamtgesellschaft prägende Kultur auszubauen.«

Das sind große Worte: Der»Grenzstein im Übergang in eine neue Welt«, der »Olymp der Entwicklung«, eine Inklusionskultur, die zu einem»naturgegebenen« Zustand führt, auf»Ehrfurcht vor dem Leben« beruht und sich durch»Barmherzigkeit und Liebe« aus-

61

zeichnet. Sie klingen fast so, als habe es bisher kein erfolgreiches Bemühen um einen humanen Umgang miteinander gegeben, kein ertragreiches und beglückendes Engagement für Menschen mit Behinderung; als sei erst jetzt der Zeitpunkt gekommen, um eine Menschlichkeit zu etablieren, die zuvor unmöglich war. Dass nunmehr etwas völlig Neuartiges entstehen soll, in gesellschaftlichen Strukturen wie im alltäglichen Leben, daran lassen die genannten Autoren keinen Zweifel.

Bei allem guten Willen, der dem zugrunde liegen mag, wirkt ein solcher Entwurf einigermaßen überzogen. Er erinnert an eine Rettungsvision, die Cohen (2004, 51 ff.) so eindrucksvoll als »goldene Fantasie« beschrieben hat. Sie beinhaltet die Vorstellung, dass ein unbeschwerter Neuanfang möglich sei, der sich folgenlos von der Last der Vergangenheit verabschiedet. Die Architektur der Gesellschaft und die persönliche Beziehungsgestaltung lassen sich demnach neu konzipieren. So, dass ein grundlegendes Unrecht aus der Welt geschafft und persönliche Begegnungen in einem entschuldeten, das heißt schuldfreien Raum möglich werden. Glaubensfragen sind dabei nicht fern. »Wer in einer kirchlichen Einrichtung Dienst tun oder ein kirchliches Amt wahrnehmen will, sollte im Grunde seines Herzens auch dem Glauben dieser zugetan sein. Entsprechend gilt: Ohne inklusive beliefs ist eine inklusive Professionalität undenkbar« (Wocken 2012, 208).

Nicht alle Vertreter des Inklusionsgedankens werden die soeben skizzierten Überzeugungen teilen. Insofern repräsentieren die genannten Autoren auch nur eine Stimme im Inklusionsdialog, aber eine durchaus mächtige und einflussreiche. Unübersehbar ist, dass das Inklusionsbegehren hierzulande vielfach mit einem hohen moralischen Impetus vertreten wird, geleitet von der Überzeugung, es dürfe keine Abweichung von dem einzig für richtig befundenen Weg geben. Die Toleranz anderen gegenüber sinkt damit: Das »Gelände [ist] [...] vermint, Abweichung wird so wenig toleriert wie Distanz – man muss sich offenbar eindeutig verhalten« (Tenorth 2011, 1). Das ist – leider – eine zutreffende Beschreibung der gegenwärtigen Situation.

Inklusion ist ein umfassender Entwurf, der sich nicht auf einzelne Lebensbereiche beschränkt (Bielefeldt 2010). Die UN-Konvention selbst bezieht sich lediglich im Artikel 24 auf Bildung, alle weiteren Abschnitte widmen sich anderen Themenbereichen. Demzufolge ist es naheliegend, wenn betont wird, dass die schulische Inklusion kein isoliertes Phänomen bleiben dürfe. Sie müsse, so wird gefordert, mit einer grundlegenden Neuorientierung Hand in Hand gehen, die sich auf die Gesellschaft insgesamt erstreckt. In diesem Sinne »soll die Architektur der Gesellschaft im Ganzen auf den Prüfstand gestellt werden« (Bielefeldt 2010, 67). Auch sie, die Gesellschaft, müsse nunmehr »inklusiv« werden.

Die Vision einer inklusiven Gesellschaft könnte in sehr allgemeiner Formulierung darin bestehen, dass sie alle Menschen in sich aufnimmt und ihnen einen gleichberechtigten Platz einräumt, ohne Diskriminierung und unter Anerkennung ihrer Person. »In allen gesellschaftlichen Bereichen soll Behinderung als Bestandteil normalen menschlichen Zusammenlebens verstanden und akzeptiert werden. Dies gilt für den Arbeitsmarkt, das Wohnungswesen, Ehe und Familie, Kultur, Politik, das Gesundheitssystem, die Systeme der sozialen Sicherung und eben auch das Bildungssystem vom Kindergarten bis zur Hochschule« – das ist »die Leitidee einer inklusiven Gesellschaft«, die der UN-Konvention entspricht (Bielefeldt 2010, 67).

Auf der Ebene juristischer Grundlagen ist hinreichend klar definierbar, über welche Rechtsgüter Menschen mit Behinderung verfügen müssen, damit sie in dem geforderten Sinne ein normales Leben führen können. Äußere Barrieren lassen sich aus dem Weg räumen; anhand gegebener Fakten kann mehr oder weniger genau überprüft werden, inwieweit dies gelingt. Schwieriger wird es dann, wenn es darüber hinaus um die Gestaltung persönlicher Beziehungen geht. Hier spielen Einstellungen eine wichtige Rolle, innere Haltungen, die nach Bielefeldt (2010) im Sinne der Konvention besonders bedeutsam sind, sich aber letztendlich nur begrenzt kontrollieren lassen.

Was heißt das eigentlich konkret: Jemanden gegenüber eine »inklusive« Haltung einzunehmen und ihm persönlich einen adäqua-

63

ten Platz einzuräumen? Worin besteht die neue Qualität einer inklusiven Gesellschaft – im Unterschied zu dem, was vorher nicht
erreicht wurde oder unmöglich gewesen sein soll? Wie lässt sich Inklusion diesbezüglich unter soziologischen und anthropologischen
Gesichtspunkten darstellen?

Die vielfältigen Hoffnungen und Erwartungen, die sich an die Inklusion knüpfen, stehen in einem bemerkenswerten Gegensatz zu
der Unbestimmtheit, durch die sich Beschreibungen einer inklusiven Gesellschaft auszeichnen. In den allermeisten Publikationen
zur Inklusion finden sich so gut wie keine Aussagen darüber, welche
Gestalt eine inklusive Gesellschaft annehmen soll und was ihre tra-
genden Inhalte sind. Oder sie sind so allgemein gehalten, dass ihr
Neuerungswert unklar bleibt.

Auch der »Nationale Aktionsplan der Bundesregierung zur Umsetzung der UN-Behindertenrechtskonvention« (betitelt: »Unser
Weg in eine inklusive Gesellschaft«; Bundesministerium für Arbeit
und Soziales 2011) trägt nur wenig zur Aufklärung bei. Er enthält
eine Fülle von Ausführungen, die wiedergeben, was an der Lebenssituation behinderter Menschen zu verbessern ist und wie dies geschehen soll; den Entwurf einer inklusiven Gesellschaft sucht man
dort allerdings vergeblich. Es sei denn, es geht »nur« um eine Bekräftigung althergebrachter, ehrenwerter Ziele, die weiterhin zu
verfolgen sind: Zugang zu Bildung, Optimierung von Ausbildungs-
möglichkeiten, Teilhabe am Arbeitsleben, politische, kulturelle und
wirtschaftliche Partizipation, Barrierefreiheit, selbständiges und ge-
meindenahes Wohnen, die Würdigung von Leistungen behinderter
Menschen, ihre Anerkennung und Achtung.

Darüber hinaus lässt sich entnehmen, dass Inklusion als »durchgängige Haltung« und »zentrale[s] Handlungsprinzip« verstanden
wird, das zur »Weiterentwicklung unserer Vorstellung von Normalität« führen soll. Das Ziel ist, dass Menschen mit unterschiedlichsten körperlichen, intellektuellen und psychischen Lebensbedingungen zu einem selbstverständlichen Teil des Lebens werden und wir
»dies kaum [noch] wahrnehmen, weil es Normalität geworden ist«.
Daran schließt sich ein großes Versprechen an: »Inklusion wird die

Lebensqualität aller Bürgerinnen und Bürger steigern« (Bundesministerium für Arbeit und Soziales 2011, 8 f.).

Es mag sein, dass ein solcher politischer Aktionsplan kaum anders ausfallen kann. Er gibt eine allgemeine Richtung vor, konkretisiert sie anhand verschiedener Themen und ruft zu einem grundlegenden Einstellungswandel auf. Genau genommen müsste es wohl heißen: Er soll zur Stärkung einer Haltung führen, die in weiten Bereichen bereits existiert, in anderen aber noch weiter entwickelt werden kann. All das ist wertvoll, zweifelsfrei, und es kann dazu führen, dass sich die Lebenssituation von Menschen mit Behinderung günstiger gestaltet. Zentrale Spannungsfelder, Konflikherde und Widersprüche, die mit dem Inklusionsbegehren verbunden sind, werden jedoch nicht behandelt. Sie bleiben außen vor. Es scheint fast so, als könne der Weg zu einer »inklusiven« Gesellschaft gradlinig, Schritt für Schritt auf dem dort skizzierten Weg erfolgen.

Die Behindertenrechtskonvention selbst gibt ebenfalls keine klare Antwort darauf, wie eine inklusive Gesellschaft aussehen könnte. Der Begriff der Inklusion kommt dort übrigens nur selten vor. In der Konvention wird nur ausgeführt, dass sich die »Vertragsstaaten verpflichten [...], die volle Verwirklichung aller Menschenrechte und Grundfreiheiten für alle Menschen mit Behinderungen ohne jede Diskriminierung aufgrund von Behinderung zu gewährleisten und zu fördern« (Übereinkommen 2008, Art. 4 Abs. 1, 1424). Dazu gehört als ein wichtiger Punkt, dass ein uneingeschränkter Zugang zu Bildung gefordert wird. Ferner sollen die Vertragsstaaten Maßnahmen ergreifen, um auf allen Ebenen »a) [...] das Bewusstsein für Menschen mit Behinderung zu schärfen und die Achtung ihrer Rechte und ihrer Würde zu fördern; b) Klischees, Vorurteile und schädliche Praktiken gegenüber Menschen mit Behinderungen, einschließlich aufgrund des Geschlechtes und des Alters, in allen Lebensbereichen zu bekämpfen« (Übereinkommen 2008, Art. 8 Abs. 1, 1427).

Nun kann es keinen Zweifel daran geben, dass grundlegende Rechtspositionen wie die Verwirklichung der Menschenrechte und ein umfassendes Freiheitsgebot durch das Grundgesetz der Bundesrepublik Deutschland garantiert sind. Ein Diskriminierungsverbot von Menschen mit Behinderung, das vor Herabsetzung und Beschämung schützen soll, ist ebenfalls im Grundgesetz enthalten (insbesondere Art. 3 Abs. 3: »Niemand darf wegen seiner Behinderung benachteiligt werden«). Bildungssoziologisch findet, im Gegensatz zu vielen Staaten der Welt, kein Ausschluss aus einem allgemein bildenden Schulsystem statt (Drepper 1998, 63). Niemand muss hierzulande aufgrund einer Behinderung auf einen Schulbesuch verzichten.[3] Und wer sich in den Medien informiert, weiß zudem, dass einiges »zur Bewusstseinsbildung in der Öffentlichkeit« getan wird (Übereinkommen 2008, Art. 8 Abs. 2, 1427). Ob dies in ausreichender Intensität und richtiger Form geschieht, das ist eine andere Frage.

Bereits diese wenigen fragmentarischen Ausführungen zeigen, dass Menschen mit Behinderung ihr Leben hierzulande auf dem Boden einer umfassenden und gehaltvollen rechtlichen Grundlage führen können.

Übersehen werden sollte auch nicht, dass in den letzten Jahrzehnten erhebliche Anstrengungen erfolgt sind, um die reale Lebenssituation von Menschen mit Behinderung zu verbessern. Und das nicht nur erfolglos (Aichele 2010; Bösl 2010). Allein ein Blick auf die ökonomische Seite verrät, dass in einem nicht unerheblichen Umfang Unterstützungsmaßnahmen bereitgestellt werden (vgl. Statistisches Bundesamt 2011). Das sollte in eine Gesamtbewertung der Lage behinderter Menschen eingehen.

Wenn es dennoch zu einer Vernachlässigung bestimmter Aufgabengebiete kommt und Menschen mit Behinderung vorenthalten

---

3  In Frankreich hingegen sieht es anders aus. Es »dürfte noch ein langer Weg sein, bis in Frankreich wirklich eingelöst ist, dass jedes behinderte Kind am Schulleben teilnimmt. Nach vorsichtigen Schätzungen (Plaisance 2008, 122 ff.) sind es mindestens 20.000 Kinder, die entweder zuhause bleiben oder in Sonderinstitutionen ohne jeden Unterricht ›verwahrt‹ werden oder aber in entsprechende Einrichtungen nach Belgien geschickt werden« (Ellger-Rüttgardt 2013, 248).

wird, was sie dringend benötigen, dann muss dies erkannt, benannt und verändert werden. Bei schwer mehrfach behinderten Menschen dürfte dies am dringlichsten der Fall sein, insbesondere dann, wenn eine Pflegebedürftigkeit besteht.

Doch auch an das Gegenläufige ist zu denken. Abwegig ist die Frage nicht, ob und unter welchen Umständen soziale Leistungen dazu führen können, dass sie sich am Ende kontraproduktiv auswirken. Indem sie der persönlichen Weiterentwicklung im Wege stehen, Motivation und Autonomiebestrebungen der Betroffenen eher schwächen als stärken, eine Kompetenzentwicklung und ein selbst bestimmtes Leben behindern statt es zu fördern. Aber das ist ein anderes Thema.

Auf die nicht unerhebliche Bereitstellung ökonomischer Mittel wurde hier deshalb verwiesen, um zu zeigen, dass Unterstützungsmaßnahmen auf einem recht hohen Niveau erfolgen. Sie sollen, um ein Missverständnis zu vermeiden, keinesfalls als Akt einer gütigen und besonders freizügigen Gesellschaft verstanden werden, als etwas, worauf behinderte Menschen kein Anrecht hätten, was ihnen nicht zusteht oder wofür sie dankbar sein müssten. Der Zweck der Darstellung ist ein gänzlich anderer. Sie möchte ein Gegengewicht schaffen zu jenen Stimmen, die dem gesellschaftlichen Bemühen um Menschen mit Behinderung voller pauschaler Klagen gegenüber stehen oder partikulär Vorwürfe erheben, die recht exaltiert ausfallen können.

Die »unverdünnte Hölle« (Demmer 2009), die das deutsche Sonderschulsystem verkörpern soll, ist ein bereits genannter Beleg dafür, die Bezeichnung des sonderpädagogischen Förderbedarfs als entwürdigend und menschenrechtswidrig (Wocken 2012, 37) oder rassistisch (Hinz 2009, 173) ein weiterer. Die »sozialdarwinistische Härte«, die Reitemeyer (2008, 5) und Wocken (2012, 47) der institutionell differenzierten Schule unterstellen, klingt demgegenüber schon fast moderat. Reichs Stellungnahme lässt nichts an Heftigkeit vermissen: »Man mag es als späte Rache der Geschichte sehen, dass gerade die Deutschen, die unter den Nazis eine menschenverachtende Ausgrenzung und Selektion betrieben haben, es nicht haben lernen können, hier ihre selektiven Meinungen zu ändern« (Reich 2008, 43; vgl. auch Feuser 2002). »Selektive Meinungen« zeigen sich nach Auffassung des Verfassers am schärfsten in Sonderschulen und in einem früh differenzierten Schulsystem. »Selbst die Kirchen mit ihren Ansprüchen an Nächstenliebe haben in diesem Feld [...] nicht hinreichend kompensatorisch gegensteuern können« (Reich 2008, 43).

Diese hier exemplarisch genannten, von erheblichem Furor geleiteten Stellungnahmen signalisieren, dass es um etwas Grundsätzliches geht, um viel mehr als nur eine nüchterne Klärung von Fakten. Nicht mehr die begrenzte Frage nach einer optimalen Beschulung steht hier im Mittelpunkt des Interesses, sondern – so drängt es sich zumindest auf – ein generelles Unrechts- oder Gerechtigkeitsproblem. Es basiert auf der unumstößlichen Gewissheit, dass spezielle Institutionen einen inhumanen Charakter aufweisen. Sie zu überwinden, wird zum obersten Gebot.

Als Lösung des Unrechtsproblems wird ein diskriminierungs- und aussonderungsfreier Rahmen angestrebt, ein inklusiver Lebensraum, mit einer inklusiven Schule, die in eine inklusive Gesellschaft mündet. Sander sah bereits in der »Integrationsbewegung [...] eine emanzipatorische Sozialbewegung«, die »über den Bereich der Schule weit hinaus« greift (Sander 1994, 10). Und Haeberlin, Jenny-Fuchs und Moser Opitz (1992, 20) schrieben: »Die Vision einer *integrativen Schule* nährt somit auch die Vision einer *integrativen Gesellschaft.*« Nunmehr richten sich entsprechende Erwartungen auf die Inklusion.

Nach Haeberlin stehen der Inklusion (einer wirklichen Inklusion?) gewichtige Kräfte entgegen. »Die in der aktuellen Bildungspolitik mit Chancengleichheit begründete schulische Integration unterscheidet sich diametral von der Vision einer inklusiven Schule und Gesellschaft« (Haeberlin 2011, 278) – so lautet seine Kernthese. Eine inklusive Schule sei eine solche, in der »jedes Kind und jeder Jugendliche die gleiche Achtung und gleiche Anerkennung erhielte« (Haeberlin 2011, 279). Jeder Schüler: so wie er ist, unabhängig davon, was von außen angelegte Maßstäbe signalisieren. Eine Schule, die auf Chancengleichheit abzielt, verschließe sich dieser Möglichkeit von vornherein. Sobald Leistungen unterschiedlich bewertet werden, es ein »besser« oder »schlechter« gibt, müsse das Inklusionsbegehren scheitern. Mit anderen Worten: Ein Bildungsverständnis, das sich an einem übergeordneten Leistungsprinzip ausrichtet, wird als zentrales Inklusionshemmnis benannt. Deshalb heißt es an anderer Stelle: »Der Vision ›einer für *alle* Menschen integrationsbereiten und -fähigen Schule und Gesellschaft‹ steht nach wie vor ein elitärer Bildungsbegriff im Wege. Das elitäre Bildungsverständnis muss einem basalen Verständnis von Bildung weichen, wenn sich Inklusion in einem pädagogisch-ethischen Sinne ereignen soll.« Und unmittelbar anschließend: »So gesehen ist es schwierig, die Kluft zwischen Realitäten und Visionen gelassen zu ertragen« (Haeberlin 2012a, 188). Katzenbach (2012, 96) teilt diese Auffassung: er spricht von einer »schwer erträglichen Dilemmasituation«, die zwischen der Wertschätzung des Einzelnen und der Anwendung allgemein verbindlicher Leistungsmaßstäbe besteht.

Mit anderen Worten: Es wird zwar anerkannt, dass eine gesellschaftliche Realität existiert, die sich wirkungsmächtig auf den Einzelnen auswirkt. Der Umstand nämlich, dass sich Menschen aufgrund ihrer unterschiedlichen Leistungsfähigkeit differenzieren, hergestellte Unterschiede emotional besetzen und sie mit sozialer Bedeutung versehen. Nur, so lautet der Einwand, diese Faktizität sei im Sinne der Unterlegenen schwer erträglich, sie lasse sich nur mit innerer Kraftaufwendung gelassen aushalten. Erst eine wirklich inklusive Haltung könne dem abhelfen. Davon, so Haeberlin, sei die Gesellschaft weit entfernt.

»Alle bisherigen Erfahrungen aus der Geschichte unserer kapitalistischen (aber auch staatskommunistischen) Gesellschaften sprechen für die These, dass neu verteilter Erfolg im ›Weg nach oben‹ keine inklusive Haltung der Erfolgreichen gegenüber den gesellschaftlichen Verlierern bringt« (Eckhardt et al. 2011, 113). Eine Veränderung des Schulsystems wird daran nichts ändern; jedenfalls nicht unter den gegebenen Bedingungen, auch wenn sie zu mehr Chancengleichheit führt – das ist die Befürchtung des Autorenteams um Haeberlin. Die Karten würden zwar neu gemischt, ohne dass sich an dem Endergebnis etwas ändert: »[W]eiterhin [werden] die Leistungsschwachen und Schulversager wenig Achtung und Anerkennung finden.« Oder in noch deutlicherer Formulierung: Die »Befürchtung« bleibt bestehen, »dass wir infolge der bildungspolitischen Vermischung von Integration mit politisch oberflächlich definierter und ausschließlich leistungsideologisch verstandener Chancengleichheit ungewollt weiter in die Kultur der Leistungsstarken abdriften könnten. In einer solchen Kultur werden Versagende verachtet und zu ›Untermenschen‹ entwertet« (Eckhardt et al. 2011, 113). Das ist eine heftige Aussage, auch wenn die gesetzten Anführungsstriche ein wenig relativierend wirken.

Das hier beschriebene Spannungsverhältnis ist der Pädagogik immanent. Es durchzieht sie, seitdem das Erziehungssystem unterschiedliche Abschlüsse vergibt, die differente Entwicklungswege eröffnen. Wie es scheint, verbindet sich nun mit der Inklusion die Hoffnung, die Schule könne sich von ihrer »Allokationsfunktion« (Fend 2008b, 50) verabschieden. Dadurch würde sie sich allerdings in einen Raum begeben, in dem eine zentrale gesellschaftliche Wertigkeit bedeutungslos geworden ist. Es sei dahin gestellt, ob sich die Autoren, die dies anstreben, der Tragweite ihres Veränderungsbegehrens wirklich bewusst sind.

Die Auseinandersetzung mit Bildungsstandards kann dazu als ein wichtiges Beispiel dienen. Das belegt Prengels (2013, 27 f.) Kernaussage: »Inklusive Pädagogik ist in ihrem Leistungsverständnis der individuellen Bezugsnorm verpflichtet. Namhafte Vertreter kritisieren darum Bildungsstandards und die interindividuell-vergleichende Bezugsnorm vehement.« Es gelte deshalb, die Schüler in ihrer Individualität »vor alle[n] hierarchisierenden Wertigkeitsabstufungen« zu schützen und »standhaft gegen alle Tendenzen zur Standardisierung der Bildung zu verteidigen« (Wocken 2012, 214).

Auch Sander (2005) geht mit Bildungsstandards, die Mindestnormen festlegen und Durchschnittsleistungen fordern, hart ins Gericht. Sie zeugen seines Erachtens von Misstrauen gegenüber der Arbeit von Lehrerinnen und Lehrern sowie der Schulaufsicht, denen unterstellt werde, sich nicht genügend um eine optimale Leistungsförderung ihrer Schüler zu bemühen. Als Antwort auf die als unbefriedigend bewerteten Ergebnisse der PISA-Studie »[b]undesweite ›Bildungsstandards‹ zu verkünden, [sei] eine absurde Reaktion der KultusministerInnen« (Sander 2005, 111). Es komme darauf an, Schüler zu fördern, und nicht, sie zu vermessen – so lautet Sanders Forderung, die auf den ersten Blick harmloser erscheint, als sie in Wirklichkeit ist.

Bildungsstandards sollen darüber Auskunft geben, ob bestimmte Unterrichtsziele erreicht werden. Sie ermöglichen dadurch wichtige Einsichten: Ob zum Beispiel Jugendliche über elementare Bildungsvoraussetzungen verfügen, das zu erfahren ist von starkem gesellschaftlichem Interesse, von großer persönlicher und pädagogischer Relevanz. Zu den betrüblichsten Ergebnissen der gegenwärtigen schulischen Praxis gehört es, dass dieses Ziel insbesondere in sozial belasteten Gebieten nicht erreicht wird. Mönch (2011) spricht deshalb von einem skandalösen Zustand: In einigen Regionen des Landes, vor allem bei hohen Zuwanderungsraten, liegt der Anteil der 15-Jährigen, die nicht richtig lesen, schreiben, rechnen können, bei 50 Prozent. Gleichermaßen skandalös wäre es aber, dieses Faktum – wie von Sander letztlich gefordert – weder systematisch zu erheben noch zu veröffentlichen. Etwa in der Hoffnung, der missliche Zustand werde sich von selbst, durch die Entfaltung schulimmanenter Kräfte, zügig verbessern.

Zwangsläufig sind mit Bildungsstandards Unterscheidungen zwischen Schülern verbunden, nämlich in diejenigen, die sie erreichen, und andere, bei denen dies nicht der Fall ist. An diesem Punkt gewinnt Sanders wohl gut gemeinte, aber weltfremde Kritik weiter an Brisanz. Den Umstand, dass Differenzen zwischen Schülern gezielt betrachtet werden, hält er für hochproblematisch. »Wer ›Bildungsstandards‹ für die Fächer und Klassenstufen setzt, will zwischen Erfolgreichen und nicht Erfolgreichen unterscheiden […] [und] nimmt das Scheitern und Diskriminieren bewusst hin.« Und kurz darauf: »Zugespitzt kann man sagen: Wer schulische Leistungsstandards setzt, will auch Schulversager« (Sander 2005, 112). Die eigenen guten Absichten würden infolgedessen destruiert und die Schule Anforderungen ausgesetzt, die unzumutbar seien. Den unabdingbaren Spannungsbogen zwischen Leistungsstandards, die zu Differenzierung führen, und Gleichheitsansprüchen, die aus individuellen Maßstäben resultieren, lässt der Autor nicht als einen solchen gelten. Für Sander (2005, 113) steht fest:»Bildungsstandards diskriminieren. Alle Leistungsmessungen in der Schule diskriminieren, und zwar umso nachhaltiger, je stärker sie in den Mittelpunkt des Unterrichts gerückt werden« (Sander 2005, 113).

Diskriminieren bedeutet im ursprünglichen Wortsinn unterscheiden, das Herausstellen von Differenzen, und ist damit kein per se negativ besetzter Begriff. Das Diskriminieren als ein herabsetzender Akt repräsentiert eine weitere, später hinzu gekommene und heute gängige Wortbedeutung. Auf sie bezieht sich Sander (2005, 113) in seiner Ablehnung der Bildungsstandards:»Das Selbstwertgefühl der betroffenen SchülerInnen und ihr soziales Ansehen in der Klasse werden zunehmend beschädigt. LehrerInnen, die die humane Akzeptanz der Verschiedenheit erzieherisch vermitteln wollen, stehen vor erschwerten Bedingungen.[4]«

Der Grund dafür liegt, daran lässt der Autor keinen Zweifel, in den eingeführten Vergleichsmaßstäben. Sie sind es, die einer»humanen Akzeptanz der Verschiedenheit« entgegenstehen. Wocken stimmt Sander zu.»Ein Lernbehindertenpädagoge«, so ist bei ihm zu lesen, »der es wirklich schafft, die gesamte Klasse von der Würde eines ›Schulversagers‹ zu überzeugen und sie zu einem wertschätzenden Umgang mit diesem Kind anzuhalten, hat weitaus mehr geschafft, als er in vielen, vielen Sitzungen mit speziellen Trainingsprogrammen

---

4  Im Hinblick auf Klassenwiederholungen führt Reitemeyer (2008, 4) aus: »Wenn heute Schüler sitzenbleiben, werden sie rundum abgestraft, so dass Zeugnisse mit 5–8 Fünfen keine Seltenheit sind. Fragt sich irgendeiner dieser abstrafenden Pädagogen eigentlich, wie sich ein junger Mensch fühlen muß, wenn er von einem ganzen Kollegium als dumm, faul und asozial disqualifiziert wird?«

schaffen kann« (Wocken 2012, 31). Das klingt, als sei die Leistungsentwicklung zweitrangig und mit der vergleichenden Leistungsbewertung eine »Erbsünde der Pädagogik« (Bolz 2009, 140) entlarvt;
eine Sünde, die im Kontext von Integration und Inklusion besonders
deutlich zu Tage tritt.[5]

An dieser Stelle kann man, weit über Sander hinausgehend, »sehr
eindrücklich das pädagogische Unbehagen im Umgang mit Unterscheidungen beobachten, die zwei ungleiche *Werte* brauchen, einen
positiven und einen negativen. Die Feststellung von Unterschieden
riecht nach Selektion und Ungleichheit und wird damit zu einem
unliebsamen Übel, einem unangenehmen Beigeschmack pädagogischen Wirkens, der sich als neuralgischer Punkt bemerkbar macht«
(Drepper 1998, 61).

Auch diejenigen Vertreter der Integrations- bzw. Inklusionsidee,
die Sanders Ablehnung von Bildungsstandards nicht teilen, müssen
sich der aufgeworfenen Frage nach dem Verhältnis von Gleichheit
und Differenz stellen. Und sie haben nicht selten Probleme damit.
Drepper (1998) geht davon aus, dass bereits die Integrationsidee
eine bedenkliche Einseitigkeit enthält. Wörtlich: »Im Integrations-
gedanken kommt die tiefe Aversion der Pädagogik gegen eine wesentliche Funktion des Erziehungssystems zum Ausdruck, gegen die
Selektion. Selektion und Auslese erscheinen als *inhumane* Neben-
effekte, als unintendierte Nebenfolgen der Erziehung« (Drepper
1998, 70). Das ist sehr pointiert formuliert. Moderater gefasst könnte es heißen: in einem verbreiteten Integrationsverständnis, denn
Integration bedeutet bei weitem nicht zwangsläufig, dass Leistungs-

---

5 »Treffender als Muth (1990, 31) die Ziele der Integration gegen die Selektion formuliert, kann man den integrationspädagogischen Impetus nicht
skizzieren: Und dann erst ist die Schule wirklich demokratisch. Dann erst
haben wir den nicht nur undemokratischen, sondern auch inhumanen Begriff der ›Auslese‹ überwunden, der aus der Welt der Züchter und Biologen
stammt, und ihn ersetzt durch den demokratischen Begriff der Förderung
aller« (Drepper 1998, 70).

differenzierung und Auslese abgelehnt werden und als tendenziell inhumane Akte gelten. Gleichwohl darf nicht übersehen werden, dass Drepper eine Grundproblematik benennt, die bereits im Integrationsdiskurs enthalten ist und in der Inklusion noch deutlich an Prägnanz gewinnt.

Wie bereits ausgeführt, sind Eckhart et al. (2011, 112) davon überzeugt, dass »die Abschaffung der Sonderklassen/Sonderschulen […] recht wenig mit idealisierender Inklusionspädagogik und mit deren Hoffnungen auf eine neue humane Schule und Gesellschaft zu tun« hat. Allein die gemeinsame Unterrichtung führe nicht dazu, dass Hierarchien unter und zwischen Schülern verschwinden. Im differenzierten Schulsystem sind sie in der Gliederung einzelner Schulformen enthalten, in einer inklusiven Schule bestehen sie unvermittelt fort. Sie lassen sich allenfalls so lange notdürftig überdecken, wie keine unterschiedlichen Bildungsabschlüsse (oder Vorformen davon) vergeben werden. Spätestens dann, wenn dies der Fall ist, treten sie kraftvoll in Erscheinung. Mit der unumgänglichen Folge, dass nach Ende der gemeinsamen Schulzeit unterschiedliche Bildungs- und Berufswege eingeschlagen werden.

Dadurch aber wird, in der Logik eines radikalen Inklusionsverständnisses, die Grundlage einer humanen Schule und einer ebensolchen Gesellschaft zerstört. Die Verantwortung dafür tragen diejenigen, die sich weigern, einen elitären Bildungsbegriff aufzugeben – mit all seinen Voraussetzungen und Konsequenzen. Die »Bejahung des Prinzips gesellschaftlicher Hierarchie« (Eckhardt et al. 2011, 113) gehe damit einher. Schärfer in der Formulierung und rigoroser in der Haltung ist Wocken (2012, 47), der die »sozialdarwinistische Härte eines gegliederten Schulsystems« anklagt, in ganz allgemeiner Form und an genannten Stellen, ohne Bezug zu behinderten Kindern und Jugendlichen. Offensichtlich, denn sonst wäre die Formulierung anders ausgefallen, wird einem anderen schulischen System, der Einheitsschule, eine solche Härte nicht unterstellt. In Anlehnung an Hiller hebt Wocken die soziale Dimension der Bildung hervor. Allgemeinbildung wird definiert als »Fähigkeit und Bereitschaft, sich mit schwachen, marginalisierten, unterdrückten und benachteiligten Menschen zu solidarisieren. Bildung ist Solidarität mit allen, die ›unten‹ sind.« Und kurz darauf:»Dieses Verständnis als tätige Solidarität mit schwachen und hilfsbedürftigen Menschen sollte – nach meiner Auffassung – von der inklusiven Pädagogik stärker in den wissenschaftlichen Diskurs eingebracht werden« (Wocken 2012, 121 f.). Erst eine so verstandene inklusive Pädagogik sei in der Lage, zu überwinden, was das gegenwärtige Schulsystem Kindern antut. Dabei bleibt ein solcher Bildungsentwurf kein isoliertes schulisches Anliegen, er bezieht sich gleichermaßen auf den vor-, neben- und nachschulischen Bereich und auf die Gesellschaft insgesamt. Das dahinter stehende Gesellschaftsbild zeichnet sich durch die Negation der bestehenden Verhältnisse aus.»Inklusion muss Widerstand leisten gegen den alltäglichen Sozialdarwinismus, gegen die Macht der Ellenbögen und des Kapitals [...] Die Ideologie des Kapitalismus und des Neo-Liberalismus sind mit der Philosophie der Inklusion nicht vereinbar« (Wocken 2012, 122).

Nun ist in der Tat unübersehbar, dass das Selbstverständnis der heutigen Gesellschaft durch ein hohes Maß an Leistungsorientierung geprägt ist. Sie lebt in wesentlichen Bereichen vom Wettstreit um die besten Ideen, die gehaltvollsten wissenschaftlichen Einsichten, die qualitätsvollsten literarischen und künstlerischen Produkte, die Optimierung von Technologien, die ertragreichsten ökonomischen Konzepte, den optimalen Verkauf der Arbeitskraft; sie lebt von der Zuweisung unterschiedlicher sozialer Positionen und den Hierarchien, die aus dem Leistungsprinzip entstehen, zum Teil aber auch, mehr als wünschenswert, sozial»vererbt« werden.

Menschen, die in diesem Wettstreit nicht mithalten können, haben es schwer. Sie sind besonderen Belastungen und mitunter auch Härten ausgesetzt, insbesondere dann, wenn sie über keine ausreichende Bildung oder zumindest einen unteren Schulabschluss verfügen. Diese Grundkonstellation lässt sich durch spezielle Fürsorge- und Förderprogramme relativieren, aber nicht gänzlich aufheben. Immerhin, und auch das ist anzuerkennen, existieren zahlreiche Bemühungen darum, die Situation der Betroffenen zu verbessern. Sie sind Ausdruck eines Bestrebens um sozialen Zusammenhalt, auch

75

wenn sie nicht immer erfolgreich verlaufen. Besonders bedrückend ist es, wenn in manchen Regionen Lehrstellen und Ausbildungsplätze fehlen und die Jugendarbeitslosigkeit noch immer so hoch ist, dass viele Jugendliche für sich keine sinnvolle Zukunftsperspektive entwickeln können. Die im Allgemeinen günstiger gewordenen Rahmendaten sind zwar ermutigend, ändern aber für die nach wie vor betroffenen Jugendlichen leider nur wenig. Insofern besteht hier ein erheblicher weiterer Handlungsbedarf.

Wer das soeben skizzierte gesellschaftliche Grundverständnis in Gänze in Frage stellt, steht in der Pflicht, mitzuteilen, wie eine fundamental veränderte gesellschaftliche Ordnung aussehen soll und auf welcher Anthropologie sie beruht. Es muss definiert werden, was den Kern einer inklusiven Gesellschaft, ihre neuartige Architektur ausmacht. Die befriedigende Antwort darauf steht bisher aus (vgl. Giese 2011).

In einem Punkt ist Wocken und Haeberlin zuzustimmen: Im Rahmen von Kapitalismus und Marktwirtschaft, Konkurrenz und sozialer Hierarchisierung wird es die von ihnen grob umrissene »inklusive« Gesellschaft nicht geben können. Die »inklusive Haltung«, von der Eckhart et al. (2011, 113) sprechen, und die »humane Akzeptanz der Verschiedenheit«, die Sander (2005, 113) einfordert, lassen sich als ein die bestehende Gesellschaft durchziehendes Prinzip nicht realisieren. Jedenfalls nicht in der radikalen Form, die die Autoren im Auge haben: Basale Bildung statt elitärer Bildungsbegriff, Akzeptanz der Verschiedenheit, ohne überindividuelle Maßstäbe anzulegen, Verzicht auf eine »leistungsideologisch« verstandene Chancengleichheit, letztlich: die Auflösung des Leistungsprinzips und sozialer Hierarchien.

In einem bemerkenswerten Beitrag hat sich Brodkorb (2012) mit den Widersprüchen beschäftigt, die sich auftun, wenn ein radikales Inklusionsbegehren in die bestehende Gesellschaftsstruktur implantiert werden soll. Unter dem Titel »Warum Inklusion unmöglich ist« setzt er sich mit den »schulische[n] Paradoxien« auseinander, die sich im Spannungsfeld von »Liebe und Leistung« (Brodkorb 2012, 13) auftun.

Brodkorbs Ausgangsüberlegung lautet, dass die Schule eine eigenständige, mittlere Position einnimmt, die zwischen der Familie und der außerfamiliären, nachschulischen Lebenswelt angesiedelt ist. Die Gesetzmäßigkeiten der Familie, im Idealfall die der »unbedingten Liebe«, die »Kinder um ihrer selbst willen« schätzt, lässt sich als ausschließliches Leitprinzip der pädagogischen Arbeit nicht mehr aufrechterhalten. »Auf der anderen Seite der Linie steht die Gesellschaft mit ihrem kapitalistischen Arbeitsmarkt. Hier wird niemand um seiner selbst willen geschätzt und angenommen, sondern ausschließlich aufgrund seiner individuellen Arbeitskraft, man kann im Grunde auch knallhart sagen: aufgrund seiner ökonomischen Verwertbarkeit« (Brodkorb 2012, 24). Auch auf dieses Prinzip muss sich die Schule einstellen, insofern ist sie »kein Selbstzweck, sondern eine Durchgangsstation zu einem spezifischen Auftrag« (Brodkorb 2012, 24).

Diese Paradoxie ist erheblich. »Die Gegensätze könnten größer kaum sein« (Brodkorb 2012, 24). Pädagogisch lassen sie sich nicht auflösen. Allenfalls kann dafür Sorge getragen werden, dass in einem konflikthaften Feld ein annähernd ausgeglichenes Verhältnis angestrebt wird, zwischen der persönlichen Zuwendung und der Achtung vor seiner Person einerseits und der Differenz erzeugenden Anerkennung von Leistung auf der anderen Seite.

Damit ist eine durchaus schmerzliche und tragische Seite der menschlichen Existenz angesprochen. Der ursprüngliche Zustand der elterlichen und familiären Liebe währt (relativ) ungebrochen nur in den frühen Lebensphasen; später dann steht der familiären Bindung und Zuneigung eine Außenwelt gegenüber, die sich wesentlich unter Leistungsgesichtspunkten organisiert und dem Konkurrenzprinzip verpflichtet ist.

Die Vorstellung, das (familiäre) Liebesprinzip ließe sich in die Gesellschaft hinein fortführen, könne sie geradezu unterwandern, ist nicht nur realitätsfern, sondern auch von einer fast anrührenden Naivität. Um diese Vision aufrechtzuerhalten, ist ein hoher Preis zu entrichten. Er besteht darin, dass eine wichtige Dimension des Zusammenlebens nicht in den Blick geraten darf oder so sehr an den

Rand gedrückt wird, dass sie kaum noch zu erkennen ist. Die Forderung nach einer unterschiedslos begrüßten Vielfalt, in der jeder die Gemeinschaft bereichert und gleichermaßen anerkannt wird, entspricht hohen moralischen Standards. Sie repräsentiert einen wünschenswerten Zustand, ein Ideal, das in der außerfamiliären Realität unerreichbar ist. Das frühe Liebesprinzip widerspricht den die Gesellschaft konstituierenden Leistungsanforderungen. Letztgenannte sind mit den familiären Zuneigungsmustern nicht vereinbar.

Zu den Binsenweisheiten des pädagogischen Alltages gehört es, dass eine Unterrichtung aller Schüler in einer Klasse bei gleichen Lernzielen unmöglich ist. Als Ausweg wird deshalb dafür plädiert, dass Leistungsziele individuell festgelegt werden, in Form personenbezogener Bildungsstandards. Sie sollen verhindern, dass eine generelle Leistungsmessung und Benotung nach überindividuellen Maßstäben erfolgt. Durch die Aufgabe allgemeiner Bildungsstandards, wie sie radikale Inklusionsbefürworter fordern, wird die Schule jedoch ihrer unverzichtbaren Allokationsfunktion beraubt. Und nicht nur das: Sie verliert auch ihre Enkulturationsfunktion, die besagt, welche Erwartungen und Anforderung die Mehrheitskultur an die nachwachsende Generation richtet. »Mit anderen Worten: Keine Enkulturation ohne allgemeine Bildungsstandards, denn diese geben inhaltlich vor, worauf Schule enkulturieren soll« (Brodkorb 2012, 27).

Die Konsequenzen, die sich einstellen, »wenn der Schule im Rahmen einer radikalen Inklusion die Möglichkeit der herkömmlichen Benotung und Zeugnisvergabe genommen wird«, sind desaströs, davon ist Brodkorb fest überzeugt. »Die dann eintretende Folge ist keine Kleinigkeit, sondern die Zerstörung einer der wichtigsten gesellschaftlich-reproduktiven Funktionen, über die Schule in unserer demokratischen Gesellschaft von heute verfügt« (Brodkorb 2012, 26). Inklusion lasse sich deshalb verantwortlich und realitätsgerecht nicht in einer radikalen, sondern nur in einer moderaten Form definieren und umsetzen.

# 5

## Bedrohliche Differenzen

Diese Notwendigkeit ruft einen erheblichen Widerstand hervor. Sie ist einer der wesentlichen Gründe dafür, warum der radikale Inklusionsentwurf so überaus heftig gegen Kritik verteidigt wird – affektiv aufgeladen und voller moralischer Empörung. Denn er steht unter dem ständigen Druck, dass die Realität den ersehnten Idealen nicht standhalten könnte und sich das gesellschaftliche Leistungsprinzip als System sprengend erweist. Die eigene Wunschwelt wird dadurch nachhaltig in Frage gestellt: eine Welt, die von subjektiven Maßstäben dominiert wird und übergeordnete Ansprüche gering schätzt. Angelastet wird diese Bedrohung »rückschrittlichen« Kräften, die sich dem Vorwurf ausgesetzt sehen, sie setzten sich nicht für das Kindeswohl ein und verweigerten die notwendige Parteinahme für Schwache und Bedürftige. Besonderen Anstoß erregt es, wenn der Verdacht entsteht, einzelne Personen oder Gruppen könnten in Sonderrollen gedrängt werden und sich dadurch zurückgesetzt fühlen. Die Sensibilitäten, die an diesem Punkt bestehen, sind außerordentlich stark ausgeprägt. So hält Wocken (2012, 19 bzw. 37) allen Ernstes die so genannte diagnosegeleitete Integration für die »Restauration der Stigmatisierung« und für eine »menschenrechtswidrige Entwürdigung«. Und Hinz (2009, 173) stimmt denjenigen zu, die die »Sprache des sonderpädagogischen Förderbedarfs [als] ebenso diskriminierend wie die sexistische und rassistische Sprache« kennzeichnen (vgl. Hinz 2010 sowie Haeberlin 2007).

Differenzen zwischen Menschen nicht wahrnehmen zu wollen, ist ein aussichtsloses Unternehmen, aus inneren wie aus äußeren Gründen. Zwar ändern sich die Beurteilungsmaßstäbe, die jeweils angelegt werden, im Laufe der Zeit. Etwas, das heute ins Auge sticht, kann morgen relativ unbedeutend erscheinen, anderes, gegenwärtig wenig Beachtetes, mag in den Aufmerksamkeitsfokus rücken und dadurch umso deutlicher hervortreten. Die jeweils dominierenden Zeitdiagnosen legen Zeugnis davon ab und auch der Wandel, der sich in der Betrachtung kindlicher Besonderheiten einstellt. Von A. Millers (1979) psychisch missbrauchtem Kind spricht heute kaum noch jemand, die Hochzeit der Narzissmustheorien ist längst überschritten. Hyperaktivitäts- und Aufmerksamkeitsstörungen stießen in den letzten zwei Jahrzehnten auf ein starkes Interesse, die zuvor weniger beachteten Angststörungen nehmen zunehmend ihren Platz ein (Dornes 2012, 400). Auch steht der sexuelle Missbrauch hoch auf der Agenda. Die Reihe der Beispiele ließe sich unschwer ergänzen.[6]

---

6 Es sei hier nur am Rande erwähnt, dass die Prävalenzraten psychisch kranker oder von Erkrankung bedrohter Kinder in den letzten Jahrzehnten kaum einem Wandel unterlegen sind. Das ist ein erstaunliches Ergebnis im Hinblick auf die immensen gesellschaftlichen Veränderungen, die sich nach 1968 eingestellt haben, und auch angesichts des grundlegenden Wandels von Erziehungsstilen und -zielen (Dornes 2010).

Elementare Unterschiede zwischen Menschen können nicht beliebig zur Disposition gestellt werden. Im Rahmen der genannten Beispiele ist es der Umstand, dass Kinder, Jugendliche und Erwachsenen psychisch stark belastet sein und ernsthaft erkranken können – auch wenn sich die Störungsbilder untereinander verschieben. Der Suizid von Kindern und Jugendlichen, die Selbstzerstörung durch Drogen in einem frühen Lebensalter, die gewaltsame Schädigung anderer als Folge gravierender persönlicher Probleme, das sind keine Randnotizen im Leben der davon Betroffenen.

Für die sonderpädagogischen Förderschwerpunkte, die sich nicht auf psychische Beeinträchtigungen beziehen, gilt das Nämliche: Auch hier müssen bei aller historischen Relativität relevante Lebenseinschränkungen anerkannt werden, ebenso wie ihre unübersehbaren sozialen Folgen.

Doch noch einmal zurück zum Differenzbegriff. Um Differenzen zu markieren, bedarf es zweier ungleicher Pole: einen positiven und einen negativen. Gute Leistungen sind besser als schlechte, auch dann, wenn man ein unterschiedliches Bemühen und ungleiche Ausgangslagen in Rechnung stellt. Begabte Menschen unterscheiden sich von Unbegabten, ohne Wertung macht diese Unterscheidung keinen Sinn. Ansehnliche Menschen sind attraktiver als unansehnliche. Es gibt schöne Männer und besonders schöne Frauen, wer wollte das bezweifeln. Niemand kann eine solche Behauptung aufstellen, ohne sich eines Vergleichsmaßstabs zu bedienen, der (vorsichtig formuliert) auch signalisiert, dass die Schönheit unter Menschen ungleich verteilt ist. Leistungssportler vollbringen, was andere nicht vermögen, Künstler tun dies ebenfalls. Es gibt gute und schlechte Konzerte, gelungene und misslungene literarische Produkte, großartige Gemälde und gänzlich unbedeutende. Für die Zuschauer eines Fußballspiels macht es einen Unterschied, ob ein hoch bezahlter Stürmer chronisch das Tor verfehlt oder es trifft, ob ein Torwart den Ball hält oder ihn routinemäßig ins Tor gleiten lässt. Sie haben eine klare Vorstellung davon, was sie sich wünschen und was nicht, was gut oder schlecht ist. Denjenigen, die Handwerker, Ärzte oder Juristen beschäftigten, wird es ebenso gehen.

81

»Man kann alle Menschen respektieren, aber man kann nicht alle loben. Loben heißt nämlich zugleich zurücksetzen« (Bolz 2009, 140). Damit markiert Bolz eine Differenz, die im Integrations- und Inklusionsdiskurs häufig nivelliert wird. Die Achtung, die einer Person entgegen gebracht wird, ist das eine. Jeder Mensch kann von anderen erwarten, dass er in seiner Einzigartigkeit respektiert wird – ob er behindert ist oder nicht, das ist dabei ganz unerheblich. Auf einem anderen Blatt steht, dass nicht alle Menschen die gleiche Anerkennung im Sinne eines gleichen Lobes erringen können. »Es gibt eben kein Lob ohne Tadel. Man kann das Einzigartige und Hervorragende nicht bewundern, wenn man keinen positiven Begriff von Ungleichheit hat« (Bolz 2009, 140). Die Forderung nach uneingeschränkter Anerkennung, die nur intraindividuelle Maßstäbe kennt, beschneidet den Differenzbegriff. Sie verkürzt ihn an entscheidender Stelle und beraubt ihn eines seiner wesentlichen Inhalte.

Drepper sieht darin eine bedenkliche Akzentverlagerung und ein allgemeinpädagogisches Problem. »Die Pädagogik bezieht sich lieber auf unumstößliche *Werte*, deren zweite Seite nicht reflektiert werden muß, um über Prinzipien der Erziehung zu reflektieren, als auf Unterschiede, die Effekte sozialer Selektion sichtbar werden lassen: *Gleichheit, individuelle Förderung* und *soziales Lernen* gelten als Ziele erzieherischen Wirkens, über die man nicht streiten muß« (Drepper 1998, 61 f.). Ob diese Pauschalkritik an der Pädagogik insgesamt zutrifft, sei dahin gestellt. Für die zuvor genannten Beiträge zur Inklusion gilt sie mit Sicherheit. »Man hat fast den Eindruck, als gäbe es […] Anforderungen nicht mehr, setzt man gegen die schulische und gesellschaftliche Praxis der Selektion nur die eigene wohlwollende Sichtweise, in der kein Unterschied zwischen den Kindern als besonders gewichtig im Verhältnis zu einem anderen gilt« (Meister 2007, 24). Diese grundlegende Problematik ist bereits im Integrationsdiskurs deutlich hervorgetreten.

»Die Verlegenheitsformel ›Behinderte Kinder sind in erster Linie nicht Behinderte, sondern Kinder‹ (Sander 1994, 13) drückt programmatisch den Versuch der Integrationssemantik aus, die Paradoxie der *Ungleichheit der Gleichen* zu entfalten, das Problem, das

Besondere im Normalen *zugleich* erscheinen und verschwinden zu lassen. Es geht um die Aufhebung eines Unterschiedes, der zwei ungleiche Seiten hervorbringt und gleichzeitig nur eine mit sich identische unterschiedslose Einheit meinen darf: das Kind als unterscheidungsloser Mensch« (Drepper 1998, 76). »Es ist normal, verschieden zu sein«, »Geistigbehinderte gibt es nicht« (Feuser 1996): All dies sind im Sinne Dreppers Verlegenheitsformeln, die das Konstrukt des unterscheidungslosen Menschen schützen soll. Ihr Ziel ist es, zu überdecken, dass die Integrationssemantik keinen positiven Begriff von Ungleichheit hat.

Es dürfte nicht leicht sein, Kindern dies glaubhaft zu vermitteln, mehr als nur punktuell und auf Dauer gestellt. Für Sander kann sich, stellvertretend für viele andere, eine Humanität im Klassenzimmer umso besser entfalten, je weniger interindividuell vergleichende Maßstäbe existieren. Realitätsgerecht ist eine solche Grundhaltung nicht, auch wenn sie auf den ersten Blick freundlich erscheinen mag. Sie hat sich ein gehöriges Stück von der Wirklichkeit entfernt, von den Anforderungen der äußeren Realität wie auch der inneren Realität der Schüler.

Für Kinder ist es wichtig zu wissen, wo sie stehen, was sie können und was ihnen (noch) nicht möglich ist. Gleichermaßen interessiert es sie, wie sie sich in Relation zu anderen verorten können. Sie vergleichen sich mit anderen, nicht weil sie dazu gezwungen werden, sondern aus eigenem Antrieb, um ihrer selbst willen. Ob sie etwas besser oder schlechter bewältigen als andere, das ist für sie eine wichtige Frage. Das Ziel, das sie dabei verfolgen, dient ihrer Selbstvergewisserung. Kinder möchten einen sicheren inneren Standpunkt erringen. Ausschließlich in sich selbst, monadisch nur gemessen am eigenen Fortschritt, können sie ihn nicht finden. Insofern stellen Vergleich und Konkurrenz per se keine Schreckgespinste dar, die Kindern von außen aufgezwungen werden und denen sie entfliehen möchten, wann immer sie können. Im Gegenteil: Der Wunsch, sich auf diese Weise zu anderen in Beziehung zu setzen, folgt inneren Notwendigkeiten. Erstaunlich ist nur, dass dieser an sich triviale psychologische Sachverhalt so sorglos übergangen wird, wie Prengel, Sander und Wocken es tun und viele andere, die ihnen nahe stehen, auch. »Anders als progressive Pädagogen verstehen schon Kinder den Sinn von Wettbewerb« (Joffe 2012, 10), das ist ein ebenso prägnanter wie treffender Satz.

Das bedeutend natürlich nicht, dass es keine von Wettbewerb und Konkurrenz überfrachteten pädagogischen Situationen gibt; solche, die zu sehr auf das Erringen individueller Position ausgerichtet sind und zu wenig auf das Erleben erfolgreicher Gemeinsamkeit. Ein schulischer Alltag, der fast ausschließlich vom Konkurrenzstreben dominiert wird, gerät dadurch in eine Schräglage; andere wichtige Erfahrungsbereiche werden zu Unrecht an den Rand gedrängt. Überzogene elterliche Erwartungen und unnachgiebige Ansprüche, die ausschließlich auf die Leistungsentwicklung ihrer Kinder fixiert sind, können dazu einen unguten Beitrag leisten. Hier kommt es also wie in anderen pädagogischen Problemfeldern darauf an, dass ein ausgeglichenes Verhältnis zwischen unterschiedlichen Polen entsteht. Das ist aber ganz sicher nicht der Fall, wenn das Ringen um die bessere Position auf einem überindividuellen Maßstab als ein nahezu illegitimes Anliegen gilt und in die Nähe eines generellen Handlungs- und Denkverbots gerückt wird.

Entwicklungspsychologisch kann es keinen Zweifel daran geben, dass sich die psychische Realität im Rahmen einer Fülle von Abgrenzungsschritten entfaltet. Dem ursprünglichen Zustand einer ungetrennten Geborgenheit folgen zahlreiche Differenzerfahrungen, die das Selbst des heranwachsenden Kindes konstituieren. Die Abgrenzung vom Nicht-Ich, die Wahrnehmung des Anderen als einem Fremden: das ist eine entscheidende Voraussetzung für eine gelingende psychische Entwicklung. Sie basiert auf hinreichend gesicherten Identifikationen mit den frühen Bezugspersonen, die es dem Kind erlauben, sich innerlich gebunden zu entfernen und später zu trennen. Insofern lässt sich die Entwicklung des Kindes als eine Geschichte voranschreitender Trennungen lesen, die (im günstigen Fall) auf gesicherten Bindungserfahrungen beruhen. Die Ablösung aus der Symbiose, die Abgrenzung von beiden Elternfiguren in der frühen Triangulierung, die Differenzierung der Generationen und

Geschlechter in der ödipalen Phase und die endgültige Trennung von der Elterngeneration in der Adoleszenz bilden ihre wichtigsten Themen (z. B. Freud 1924; Reiche 1990; Haesler 2000; Wurmser 2005; Ahrbeck 2010).

Von der ganz frühen Entwicklung abgesehen, stellen Vergleich und Konkurrenz auf unterschiedlichen Niveaustufen wichtige entwicklungspsychologische Inhalte dar. Der Versuch, sie aus der Vielfalt anderer entwicklungspsychologischer Themen auszusparen, behindert die kindliche Entwicklung.

Ein Wettbewerb in innerer Freiheit setzt voraus, dass Gewinnen und Verlieren nicht von vornherein unter einer lähmenden Verbotsdrohung stehen. Nur dann können Erfahrungen gemacht werden, die dazu führen, dass sich frühe Formen des Erlebens in reifere verwandeln, zunächst noch archaische Affekte in mildere übergehen, ein Wechsel von der Rivalität zur Konkurrenz gelingt. Rivalität hat zum Ziel, den anderen zu besiegen, auf eine Art und Weise, die ihn beschämt und wenig Gutes an ihm lässt. In der Konkurrenz hingegen wird das Gegenüber geachtet. Es behält seinen Wert, die Achtung des Anderen auch dann, wenn es im Wettstreit unterliegen sollte. Intrapsychisch beruhen Rivalität und Konkurrenz also auf unterschiedlichen Positionen und auch ihre sozialen Bedeutungen fallen höchst divergent aus.

In Teilen des Inklusionsdiskurses besteht an diesem Punkt ein elementares Missverständnis. Nämlich immer dann, wenn eine unumgängliche Konkurrenz umstandslos mit einer archaischen, vernichtenden Rivalität gleichgesetzt wird (ausführlich: Ahrbeck 2006; 2013). Erst diese reduktionistische Annahme erlaubt es, dass Schüler, insbesondere leistungsschwächere, von interindividuellen Maßstäben fern gehalten werden sollen. Vergleichende Bewertungen, festgemacht am Phänomen der Schulnoten, erscheinen in diesem Sinne als »deklassierende und entwürdigende Schulrituale«. »Inklusive Erziehung vermeidet [deshalb] alle hierarchisierenden Wertigkeitsabstufungen« (Wocken 2012, 214).

Diese vermeintliche Parteinahme für die Leistungsschwächeren geht davon aus, dass sich vergleichende Maßstäbe durch subjektive

Willensakte eskamotieren lassen; sie tut so, als reichten die »konstruktivistischen« Kräfte guter Menschen aus, innere und äußere Realitäten nach ihrem Gusto zu verändern. So, als hätten Schülerinnen und Schüler kein Wissen darüber, dass sie sich untereinander in ihrer Leistungsfähigkeit unterscheiden; so, als würde ihnen dies nichts bedeuten – weder unmittelbar persönlich noch im Hinblick darauf, wie später ihre berufliche Entwicklung verlaufen mag.

Dabei erleben es leistungsschwächere Schüler tagtäglich: Sie erfahren, dass sie langsamer sind als andere, etwas nicht so schnell verstehen wie sie, dass Mitschülern schulische Inhalte leichter zugänglich sind, die sie selbst nur unter großen Mühen erschließen können, dass sie an etwas scheitern, das für andere kein ernsthaftes Problem darstellt. Insofern haben sie sehr wohl ein Gespür dafür, vielleicht sogar eine innere Sicherheit darüber, wo sie im Vergleich zu anderen stehen. Bei aller Freude am eigenen Fortschritt, bei allem berechtigten Stolz darauf, dass es für sie vorangeht, lassen sich die eigenen Erfolge nicht, wie ihnen angetragen wird, außerhalb des Vergleiches mit anderen ansiedeln. Im Rahmen einer gemeinsamen Beschulung dürfte dieses Erleben noch deutlicher hervortreten als in speziellen Settings, die mitunter für ihre Schonraumfunktion gescholten werden (Schumann 2007).

Die Lernsituation begabter Schüler wird im Inklusionsdiskurs häufig nur am Rande betrachtet, oft sogar weitgehend ausgeblendet oder gänzlich übersehen. Ihre Wünsche, etwas besonders gut zu machen, hervorzutreten und dies auch zu zeigen, mutieren leicht zu einem Ärgernis, das die Gleichheit aller zu stören droht. Ebenso wie ihr Bedürfnis, mit anderen zu konkurrieren, sie zu überflügeln und im Vergleich zu obsiegen. Aber auch ihre subjektive Motivationslage ist für die Gemeinsamkeit aller bedeutsam. Auch sie müsste als ein bereichernder Teil der Vielfalt angesehen werden.

Zudem darf nicht übersehen werden, welche Bedeutung die erbrachten Leistungen für Schülerinnen und Schüler auf der Realebene haben und warum sie für ihr weiteres Leben einen außergewöhnlichen Gewinn darstellen können. Ein spezieller Aspekt sei hier deshalb noch einmal betont: Die Rolle, die Leistungen für

Kinder spielen, die aus wenig privilegierten sozialen Verhältnissen stammen. Zuallererst sind es schulische Leistungen, die ihnen einen sozialen Aufstieg ermöglichen, darauf hat unter anderem Brodkorb (2012) verwiesen. Der Zugang zu Wissen und einer umfassenden Bildung stellt für sie eine einzigartige Möglichkeit dar, sich zu differenzieren und die Beschränkungen ihres Herkunftsmilieus zu überwinden. »Bildung [hat es] an sich [...], Unterschiede hervorzubringen, zu belohnen, zu vertiefen« (Adam 2012, 1006). Ein Konkurrenzverbot würde gerade diese Schüler in einem besonderen Maße und mit erheblicher Härte treffen. Mehr noch als andere Schüler, für die gute Schulleistungen herkunftsgemäß eher eine Selbstverständlichkeit sind. Zumal ihnen noch weitere, schichtspezifisch ungleich verteilte Kompensationsmöglichkeiten zur Verfügung stehen, auf die Kinder aus so genannten bildungsfernen Elternhäusern nicht zurückgreifen können.

Vor einer umfassenden Auseinandersetzung mit sich selbst und anderen, zu der auch das Konkurrenzprinzip gehört, wird man Kinder um ihrer selbst willen nicht bewahren können, leistungsstarke ebenso wenig wie leistungsschwächere, in keiner Schulform und auch nicht bei einem individualisierten Unterricht. Die Einteilung von Kindern in Kleingruppen, zum Beispiel als »Hasen«, »Igel«, »Schnecken« oder »Bären« benannt (Dollase 2013, 152), führt zu keinem anderen Ergebnis – auch wenn die leistungsschwächere Gruppe als »Bären« und die -stärkere als »Schnecken-Gruppe« bezeichnet wird. Das Erleben von Erfolg oder Misserfolg, von Hervorhebung oder Zurücksetzung lässt sich weder so noch auf andere Weise aus der Welt schaffen. Ein denkbar schlechter Rat besteht deshalb darin, Kinder und Jugendliche diesbezüglich von einer realistischen Selbst- und Fremdwahrnehmung fernzuhalten (Savater 1998).

# 6

---

# Bildungsgerechtigkeit

»Seit der Ratifizierung der UN-Konvention über die Rechte behinderter Menschen durch Deutschland sind alle Bundesländer dazu aufgerufen, ihre Bildungssysteme so zu gestalten, dass eine chancengleiche Teilhabe für Menschen mit Behinderungen möglich ist« – mit diesem Satz beginnt der Bericht mit Empfehlungen der Expertenkommission (2012) »Inklusive Bildung in Mecklenburg-Vorpommern bis zum Jahr 2020«. Die «chancengleiche Teilhabe« steht also hoch im Kurs, sonst wäre sie wohl kaum an einer so prominenten Stelle des Textes platziert worden. Entsprechende Passagen finden sich auch in den einschlägigen Empfehlungen anderer Bundesländer.

Da die Inklusion als ein umfassender Entwurf verstanden wird, der sich nicht nur auf Kinder mit Behinderung bezieht, geraten auch verschiedene andere Personengruppen in den Gerechtigkeitsfokus.

Etwa Kinder und Jugendliche mit Migrationshintergrund, unterschiedlicher sozialer und religiöser Herkunft, Hautfarbe oder sexueller Orientierung. Auch sie sollen anders als bisher betrachtet werden, aufgrund einer grundlegend gewandelten Einstellung zur Vielfalt und Individualität jedes einzelnen Schülers. Ein hervorgehobenes Ziel ist dabei die Chancengleichheit, wie sie seit dem Zweiten Weltkrieg hieß, oder Bildungsgerechtigkeit, wie man sie heute nennt. »Eine inklusive Schule eröffnet allen Kindern und Jugendlichen, unabhän-gig von ihren finanziellen, ethischen, kognitiven oder religiösen Voraussetzungen die gleichen Bildungschancen« (Antoni 2012, 1). Aussagen wie diese hört und liest man gegenwärtig immer wieder.

Zu klären ist allerdings, was Bildungsgerechtigkeit ist und worauf sie sich konkret bei Schülern mit Behinderung bezieht. Wird eine bessere kognitive Entwicklung angestrebt, die zumindest einem Teil von ihnen erhöhte Chancen im Ringen um Schulabschlüsse und Ausbildungsplätze ermöglicht? Sind mit Bildungschancen im erweiterten Sinne soziale Erfahrungen gemeint, die sich positiv auf die Bewältigung des alltäglichen Lebens auswirken können? Oder geht es gar um etwas ganz anderes: Um eine subjektive Befindlichkeit, die es im Rahmen von Bildungsprozessen zu entfalten gilt; ohne dass sie mit dem Erreichen vorgegebener Ziele der Konkurrenz zu anderen in Beziehung gebracht wird? Auch die letztgenannte Position findet sich im Fachdiskurs, auch wenn dies ein wenig überraschend erscheinen mag.[7]

Ebenso wie die materielle Verteilungsgerechtigkeit ist die Frage nach der gerechten Verteilung von Bildungschancen zu einem

---

7  Dazu ein Beispiel: »Oder heißt Bildungsgerechtigkeit, genau diesen Sozialdarwinismus, der vom pädagogischen Konstruktivismus als Naturgesetz präsentiert wird, pädagogisch zu überwinden, also Leistungen nicht relativ zu- und gegeneinander zu bewerten unter der absoluten Oberhoheit einer Markttauglichkeitsprämisse, sondern jeden Schüler nach Maßgabe seiner besonderen Fähigkeiten zu fördern?« (Reitemeyer 2008, 5).

öffentlich viel diskutierten Thema geworden. Was allerdings unter Bildungsgerechtigkeit genau verstanden wird, bleibt häufig im Dunkeln. »Der Begriff [der Bildungsgerechtigkeit] hat eine enorme politische Durchschlagskraft gewonnen, geklärt ist seine Bedeutung jedoch nicht. Er wird eher intuitiv verwendet und ist damit ziemlich beliebigen Deutungszugriffen ausgesetzt« (Brenner 2010, 13).

Auch in der wissenschaftlichen Fachliteratur, die sich mit Bildungsgerechtigkeit beschäftigt, fehlt eine entsprechende Definition auffallend häufig. Viele Diskussionen und Auseinandersetzungen stehen deshalb in Gefahr, ins Leere zu laufen. Giesinger (2007) hat unter dem Titel »Was heißt Bildungsgerechtigkeit?« einen aufwändigen Versuch unternommen, Chancengleichheit und Bildungsgerechtigkeit zu definieren und miteinander abzugleichen. Dabei zeigt sich, dass die Auffassungen darüber, was Chancengleichheit bedeuten kann, erheblich variieren. Sie reichen »von der minimalen Forderung nach Nicht-Diskriminierung bis hin zur Idee der Neutralisierung von bloßem Glück oder Pech« (Giesinger 2007, 373). Aufgrund der Vielschichtigkeit der Begriffsverwendung, die hier nicht nachgezeichnet werden kann, kommt Giesinger (2007, 373) zu folgendem Schluss: »Führt man sich die Vielfalt von Ideen, die mit dem Begriff der Chancengleichheit verbunden werden können, vor Augen, so wird klar, dass die Forderung nach Chancengleichheit wenig aussagekräftig ist.«

Das Standardverständnis von Bildungsgerechtigkeit, dem neueren Begriff, ist nach Giesinger enger gefasst und zwischen den beiden genannten Extremen angesiedelt. Im Kern geht es darum, dass ungleiche Bildungserfolge, die aufgrund sozialer Benachteiligung entstehen, durch geeignete Mittel neutralisiert werden. Dabei sind objektive und subjektive Faktoren zu berücksichtigen. Ein Nachteilsausgleich soll dort gewährt werden, wo bestimmte Aspekte der äußeren Realität, inner- wie außerschulisch, leistungsmindernd wirken. Sie repräsentieren jedoch nur eine Seite des Bildungserfolges. Die andere Seite setzt sich aus den individuellen Fähigkeiten und Interessen zusammen, bestehende Möglichkeiten für sich zu nutzen; sie sind einer gesellschaftlichen Einflussnahme nur begrenzt zugänglich. Zugespitzt: »Lernen ist resistent gegen Erziehung, Bildung lässt sich nicht erzeugen« (Tenorth 2013, 8). Bereits diese beiden Seiten des Bildungsprozesses erschweren es, gemessen am Endergebnis festzustellen, wann Bildungsgerechtigkeit erreicht ist. Viele weitere Facetten kommen hinzu. Auch sie tragen dazu bei, dass unter Bildungsgerechtigkeit, entsprechende Definitionsbemühungen vorausgesetzt, sehr Unterschiedliches verstanden werden kann.

Einigkeit besteht lediglich darin, dass sie reduziert werden soll. Nur in welcher Form und mit welcher Begründung, das ist die Frage. »Soll der *soziale Gradient,* der den Zusammenhang zwischen Herkunft und Bildungserfolg anzeigt, auf den Wert »0« zurückgehen? Dies würde dann anzeigen, dass überhaupt kein Zusammenhang mehr besteht, Schulerfolg also völlig unabhängig von sozialer Herkunft ist. Eine unrealistische Zielvorgabe wäre das insofern, als eine Unabhängigkeit beider Größen weltweit nicht vorzufinden ist. Umgekehrt könnte das Ziel auch schon als erreicht gelten, wenn *unter Kontrolle der Leistungen* keine sozialen Unterschiede in der Bildungsbeteiligung mehr gefunden würden. In diesem Fall dürften die Leistungsunterschiede bestehen bleiben, nur das, was über Leistungsdifferenzen hinausgeht, müsste reduziert werden. Ebenso ließen sich Zielgrößen zwischen diesen beiden Polen finden, indem z. B. ein Maß an Bildungsungleichheit als akzeptabel gilt, wie es im OECD-Durchschnitt zu finden ist« (Ditton 2010, 63).

Wirklich befriedigend ist keine dieser Lösungen: Das utopische Modell setzt eine weitestgehende Ablösung der Kinder aus dem Elternhaus voraus. Und das bereits in einem sehr frühen Lebensalter. Die »Lufthoheit über die Kinderbetten« zu gewinnen, wäre dazu eine entsprechende Losung. Sie hatte der ehemalige Sozialminister Olaf Scholz im Hinblick auf die frühe Krippenbetreuung ausgegeben (Lachmann 2012). Ob sie wirklich ernst gemeint war, sei dahin gestellt. Fest steht jedoch: Ohne radikale Nivellierung des häuslichen Einflusses ist ein solches Anliegen undenkbar. Die Kinder müssten den Eltern weggenommen werden.

Gleichermaßen enthält das leistungsorientierte Modell, obgleich realitätsnäher, einige Tücken. Es normiert in seiner Idealvorstellung Bildungsverläufe, ohne dass die Gestaltungswünsche der Betroffenen dabei berücksichtigt werden. Muss jeder Mensch mit gleichen Voraussetzungen die gleichen Ziele erreichen? Darf es keine schichtbedingten Lebensentwürfe geben, die sich an angestammten Bindungen orientieren und herkunftsnahen Glückserwartungen entsprechen? Sollten gesellschaftlich dominierende Gerechtigkeitsvorstellungen zum Entwicklungsmaßstab für alle Personengruppen werden, auch wenn diese für sich andere Lebensentwürfe haben? Das sind nur einige der Fragen, die sich hier anschließen.

Auch erweist sich die Ausrichtung an einer numerischen Leitgröße als nicht unproblematisch, da sie sich aus einer Fülle kaum überschaubarer Einflüsse zusammensetzt. Gleiche Gradienten können sehr Unterschiedliches bedeuten, statistische Zusammenhänge spiegeln keine Kausalitäten wider. Aber auch bei recht eindeutig erscheinenden Verhältnissen stellt sich die Frage, wie sie letztendlich zu interpretieren sind. Dazu folgendes Beispiel: Finnland und Irland weisen hohe Abiturientenquoten von 70 bzw. 65 Prozent aus (OECD 2011, 317; Hyland 2011). Doch welche Folgen ergeben sich daraus? Sind die Bildungssysteme dieser Länder deshalb gerechter? Ob aus den hohen Abiturientenzahlen eine sozial gerechtere Verteilung nachschulischer Lebenschancen resultiert, darf füglich bezweifelt werden. Leistungsdifferenzierungen müssen dort, wo sie nivelliert worden sind, neu justiert werden, etwa beim Hochschulzugang. Oder sie werden durch andere Kriterien ersetzt, die über den weiteren Entwicklungsverlauf entscheiden – etwa solche des Sozialverhaltens und der Zugehörigkeit zu einflussreichen sozialen Beziehungsnetzen. Für Schulabgänger, die weniger privilegierten Verhältnissen entstammen, dürfte dies kein Vorteil sein.

Die Ungewissheit der Zielorientierung trägt dazu bei, dass Gerechtigkeitsfragen in einem erheblichen Maße affektiv besetzt sind. Sie werden leicht zu einer Angelegenheit, die heftige Parteinahmen hervorruft, von hohen moralischen Standards geleitet und entsprechenden Über-Ich-Inhalten verpflichtet ist. Empörung und Entrüstung sind nicht fern, wenn dem Gerechtigkeitsempfinden widersprochen wird. »Die meisten Menschen können nicht sagen, was Gerechtigkeit ist, aber sie haben ein sehr genaues Empfinden für Ungerechtigkeiten. Offenbar genügt uns aber der Kampf gegen evidente Ungerechtigkeiten nicht. Ein Grund dafür liegt sicher auch im medialen Trommelfeuer der Gerechtigkeitsrhetorik. Soziale Gerechtigkeit durch ›mehr Gleichheit‹ ist heute ein Wert, dem man nicht nicht zustimmen kann – der Konsensbegriff Nr. 1« (Bolz 2009, 9).

Spektakuläre Einzelberichte (z. B. Maurer 2013) und viel beachtete narrative Verlaufsstudien (Allmendinger 2012) belegen die ungebrochene Aktualität dieses Themas. Häufig wird dabei die Ungerechtigkeit des deutschen Schulsystems beklagt: »Ungeachtet dieser Unschärfe des Begriffs ›Bildungsgerechtigkeit‹ besteht in der öffentlichen Wahrnehmung allgemein Konsens, dass das deutsche Bildungssystem ›ungerecht‹ sei« (Brenner 2010, 13 f.). Berichte über gelungene Entwicklungen mit erstaunlichen sozialen Aufstiegen finden sich dementsprechend nur selten, obgleich es auch hierfür eindrucksvolle Belege gibt (z. B. Siems 2012).

Die Forderung nach Gerechtigkeit ist eng mit der nach Gleichheit verbunden, der Inklusionsdiskurs bezeugt dies beispielhaft. Mehr soziale Gleichheit erscheint fast unumstößlich als ein Garant dafür, dass ein Mehr an Gerechtigkeit entsteht. Gerechtigkeit ohne Gleichheit ist kaum mehr vorstellbar. Die Gerechtigkeitsfrage erstreckt sich schulisch einerseits auf den Sekundarbereich, der unterschiedliche institutionelle Wege ermöglicht, auf der anderen Seite aber auch auf den Schulbeginn und die Grundschule, da hier erste wichtige Weichenstellungen erfolgen. Die Erwartungen, die sich an die Schule richten, sind durchaus hoch und häufig überzogen. Kaube (2011, 1054) bemerkt dazu: »Mitunter scheint es geradezu, als könne Schule, wenn sie nur richtig eingerichtet wäre, an den Individuen alles gutmachen, was die Gesellschaft an Unvernunft und Ungerechtigkeit oder jedenfalls Ungleichheit verwirklicht«, und Ditton (2010, 61) konstatiert: »Teils erscheint Schule geradezu als allmächtig, was im auffallenden Kontrast zu prominenten Befunden aus der Bildungsforschung steht.«

Da das Thema Bildungsgerechtigkeit ein übergreifendes Thema ist, werden im Folgenden sowohl allgemeine als auch spezielle Aspekte erörtert, die sich auf Kinder mit Behinderung beziehen. Als ein wichtiger Meilenstein, der bis in die heutige Zeit wirkt, gelten die Pisa-Studien 2000 und 2003. Sie ergaben durchweg wenig erfreuliche Ergebnisse. Auf der Leistungsebene nahm Deutschland einen Platz unterhalb des Mittelwerts der OECD-Staaten ein, bei einer ungewöhnlich starken Leistungsstreuung, einer sehr kleinen Spitzengruppe und einer hohen Zahl von 15-jährigen Schülerinnen und Schülern (ca. 20 bis 25 %), die Mindestanforderungen in den Kerndomänen Lesen, Mathematik und Naturwissenschaften verfehlten (zusammenfassend: Tenorth 2010b, 366 f.). »Die regionalen Disparitäten des Kompetenzerwerbs sind schließlich weitaus größer, als man erwarten konnte. Unverkennbar existiert bei den Leistungen der Schulen ein Süd-Nord-Gefälle« (Tenorth 2010b, 367). Es besteht bis heute fort. Ein weiterer gravierender Punkt besteht darin, dass die »Koppelung von sozialer Lage der Herkunftsfamilien und dem Kompetenzerwerb der nachwachsenden Generation ungewöhnlich straff ist« (Artelt et al. 2001, 41). Mit anderen Worten: Stärker als in allen anderen vergleichbaren OECD-Staaten korrelieren hierzulande Schulerfolg und soziale Herkunft (PISA-Konsortium 2004, 236 ff.).

Auch die Ergebnisse der Internationalen-Grundschul-Lese-Untersuchung (IGLU 2001) und der Trends in International Mathematics and Science (TIMMS 2007) verweisen auf starke soziale Disparitäten (Bos et al. 2003; 2008). Das sind gewichtige statistische Befunde, die dringend einer Aufklärung bedarf – nüchtern, sachlich und mit Augenmaß.

Der zu klärende Sachverhalt beinhaltet ein hochkomplexes Phänomen, das vielschichtiger und verschachtelter ist als häufig behauptet wird. Gradlinige Ableitungen verbieten sich: Statistische Zusammenhänge spiegeln keine schlichten Ursache-Wirkungsverhältnisse wider. Brenner (2010, 17), der ein Buch über die »Bildungsgerechtigkeit« verfasst hat, konstatiert deshalb: In den Pisa-Studien »findet sich nicht die Aussage eines kausalen Zusammenhangs zwischen sozialer Herkunft und Schulerfolg und es findet sich schließlich auch nicht die Aussage, dass das deutsche Schulsystem ›ungerecht‹ sei«.

Gleichwohl werden die vorliegenden Pisa-Befunde und andere Untersuchungsergebnisse immer wieder in einem kausalen Sinne interpretiert: Die Ungerechtigkeit des deutschen Schulsystems sei einzigartig, das gegliederte System daran schuld, in all seinen Ausformungen bis hin zu den Sonderschulen (z. B. Deppe-Wolfinger 2006; Helbig & Nikolai 2008; Reich 2008; Schumann 2009; Seitz et al. 2012, 12). Die mediale Unterstützung, die diese Position genießt, ist erheblich – bis heute. »[N]och immer ist das Schulsystem in Deutschland eines der ungerechtesten in der Welt, weil es sozial benachteiligte Kinder, vor allem Migranten, oft früh zurücklässt«, so steht es in der Süddeutschen Zeitung (Taffertshofer 2010). »Das deutsche Schulsystem versagt. Gnadenlos ungerecht« sei es, wie sich der TAZ (Winkelmann 2012) entnehmen lässt, und im FREITAG erfährt man: »Das Gymnasium ist für Reiche reserviert.« Spiegelonline berichtet: »Wer vom deutschen Bildungssystem einmal ausgesiebt wird, schafft es fast nie wieder zurück« (Füller 2012a, 2012b). Von einer »neuen Klassengesellschaft« in der Bildung ist auch in der Frankfurter Allgemeinen Sonntagszeitung die Rede (Bollmann & Kloepfer 2013).

Allerdings zeichnen die PISA-Ergebnisse 2009 (Klieme et al. 2010) ein anderes Bild als die Erhebungen der Anfangsjahre, auf die bis heute bevorzugt rekurriert wird. Deutschland gehört zu den drei Ländern, die sich im Verlauf der Pisa-Studien kontinuierlich verbessern konnten, eine deutliche Leistungssteigerung ist unübersehbar. In den PISA-Befunden 2012 setzt sich diese Entwicklung fort. In allen drei erhobenen Bereichen liegt Deutschland inzwischen deutlich über dem OECD-Durchschnitt, vor allen skandinavischen Ländern mit Ausnahme Finnlands (Prenzl et al. 2013). Der soziale Gradient befindet sich unspektakulär im Bereich des OECD-Durchschnitts, annähernd auf gleicher Höhe mit Schweden (Barow 2011; Prenzl et al. 2013). Auch hier ist also eine bemerkenswerte Veränderung eingetreten. Problembereiche bleiben aber durchaus bestehen. Sie liegen bis heute darin, dass es zu viele Jugendliche gibt, die Mindestqualifikationen nicht erreichen: indem sie auch mit 15 Jahren noch nicht richtig lesen und rechnen können. Ihre (immer noch zu hohe) Quote ist aber gemäß der neuesten PISA-Studie auf ein Siebtel geschrumpft. Ohne Schulabschluss bleiben in Deutschland 6,2 Prozent der Schüler (Bertelsmann-Stiftung 2013, 11). Im europäischen Rahmen ist das ein eher geringer Wert, er liegt deutlich unter dem EU-Durchschnitt (Commission of the European Communities 2011).

Andere Untersuchungen ergaben insgesamt günstigere Ergebnisse als die frühen PISA-Studien. Grundschüler weisen am Ende der 4. Klasse im Lesen (IGLU seit 2001; zuletzt 2011) sowie in mathematischen und naturwissenschaftlichen Kompetenzen (TIMMS seit 2007; zuletzt 2011) durchgängig ansehnliche Leistungen auf; mit Werten, die im Vergleich der OECD-Ländern im oberen Drittel und über dem EU-Durchschnitt liegen (vgl. Bos et al. 2003, 2007, 2008, 2012). Bemerkenswert ist dabei für das Untersuchungsjahr 2011, dass die Leistungsunterschiede zwischen stärkeren und schwächeren Schülern in allen Bereichen vergleichsweise gering ausfallen und Kinder mit Migrationshintergrund nunmehr besser abschneiden. Differenzen zwischen Schülern unterschiedlicher sozialer Herkunft bestehen nach wie vor, ebenso wie in allen anderen Ländern, »jedoch liegt Deutschland international im Mittelfeld« (Kultusministerkonferenz 2012, 2).

Ditton (2010, 58) hatte bereits für die IGLU-Erhebung 2006 konstatiert, dass »das Leistungsniveau im internationalen Vergleich unauffällig und auch die Disparitäten zwischen den sozialen Gruppen (Migranten, soziale Schichten bzw. Klassen) [...] zumindest nicht besonders groß« waren. Trotzdem hatten Kinder deutscher Herkunft und solche, die aus privilegierteren Sozialschichten stammen, auch damals bessere Aussichten, einen höheren Bildungsabschluss zu erreichen. »Die Ungleichheiten reduzieren sich unter Kontrolle der erzielten schulischen Leistungen zwar deutlich, blieben aber selbst dann in einem noch bedeutsamen Ausmaß bestehen« (Ditton 2010, 58).

Allerdings orientieren sich schulische Übergangsempfehlungen nicht ausschließlich an den erbrachten Leistungen. Sie beziehen vernünftigerweise auch andere prognostisch bedeutsame Faktoren ein, wie etwa Begabung, Lernmotivation und Fleiß (Baumert et al. 2010, 18). »Das derzeit gern vermittelte Bild völlig leistungsungerechter Verteilungen ist jedenfalls erheblich überzeichnet. Das ist nicht nur unseriös, sondern auch insofern problematisch, als es den Blick in eine falsche Richtung lenkt« (Ditton 2010, 60).

Nicht übersehen werden sollte, »dass seit den 1960er Jahren die Bildungsbeteiligung enorm gestiegen ist, sogar weit über die von Dahrendorf für möglich gehaltenen Quoten hinaus« (Ditton 2010, 57). Dahrendorf hatte 1965 »Bildung als Bürgerrecht« deklariert und Picht im gleichen Jahr die »Bildungskatastrophe« ausgerufen. Zur Erinnerung: Anfang der 1950er Jahre fielen die Abiturientenquoten noch sehr gering aus, in Baden-Württemberg lag sie 1953 bei 3 Prozent eines Jahrgangs (Wolf 2012, 27). Inzwischen hat sich diese Quote immens erhöht. Im Stadtstaat Hamburg sind es, bundesweit führend, inzwischen 51,7 Prozent, also mehr als die Hälfte aller Schüler, die das Abitur ablegen (Hamburger Schulstatistik 2013, Schuljahr 2012/13). Bundesweit gilt: »Im Jahr 2010 erreichten 34 % der Schulabsolventen eine allgemeine und 15 % eine fachgebundene Hochschulreife« (Autorengruppe Bildungsberichterstattung 2012, 9). Inzwischen hat sich diese Zahl noch einmal erhöht: 2011 verfügten insgesamt 51,1 % der Absolventen aus allgemeinen und beruflichen Schulen über eine Hochschulzugangsberechtigung (Bertelsmann-Stiftung 2013, 12). Bildungsaufstiege sind also im beträchtlichen Maße gelungen, die Wahrscheinlichkeit, dass ein Arbeiterkind das Gymnasium besucht, ist erheblich gestiegen. Soziale Ungleichheitsmuster nehmen über längere Zeiträume betrachtet ab (Breen et al. 2009). »Kinder leitender Angestellter, heißt es beispielsweise, hätten eine 2,4-mal so hohe Chance, ein Gymnasium zu besuchen als Facharbeiterkinder. [...] Dass der entsprechende Wert vor sechzig Jahren noch bei 36 lag und fast niemand das erwähnt, ist [...] bemerkenswert« (Kaube 2011, 1055 f.). Bildungsaufstiege sind insbesondere in den 1980er Jahren in kaum einem europäischen Land so leicht möglich gewesen wie in Deutschland.

Nur unzureichend beachtet wird auch, dass inzwischen rund 40 Prozent der Studienberechtigungen über Fachoberschulen oder berufsbildende Einrichtungen erworben werden (Hartmann 2013, 96). Mit anderen Worten:»Zunehmend tragen zu dem steigenden Schulabschlussniveau zweite Schulabschlüsse bei, über die ein erster Schulabschluss verbessert wird« (Autorengruppe Bildungsberichterstattung 2012, 9). Das ist eine beträchtliche, auch im internationalen Vergleich bedeutsame Zahl. Sie zeugt davon, dass auf diesem Weg erhebliche Bildungsaufstiege erfolgen, die auch ein neues Licht auf die Gerechtigkeitsfrage werfen. All diese Fakten sind Ausdruck einer Erfolgsgeschichte, sie belegen die Wandlungsfähigkeit schulischer Institutionen. So hat es zum Beispiel das Gymnasium vermocht, einen hohen Leistungslevel zu halten: Bei steigenden Schülerzahlen und zunehmend mehr Schülern, die aus keinem bildungsbürgerlichen Umfeld kommen.[8] Auch wenn es vielleicht nicht gern gehört wird:»Ein konservativer Grundzug und eine gewisse Störrigkeit gegenüber Veränderungen haben sicher zum Erfolg dieser Schulform beigetragen« (Tenorth 2012, 83).

Ein Grund zum selbstgefälligen Stillstand darf dies jedoch nicht sein. Nach wie vor bestehende Disparitäten müssen ernst genommen werden. Es ist dafür Sorge zu tragen, dass sie sich so weit wie möglich reduzieren. Eine demokratische, offene Gesellschaft muss es jedem Menschen ermöglichen, sich nach seinen eigenen Kräften

---

8   Eine markante Stellungnahme dazu findet sich in einem Interview, das die ZEIT mit Heinz-Elmar Tenorth (2010a, 25) geführt hat. Daraus ein Ausschnitt:»Für mich ist es eines der erstaunlichsten bildungshistorischen Phänomene, dass es dem Gymnasium gelungen ist, den Anteil seiner Schüler am Altersjahrgang zu verachtfachen und dennoch auf einem hohen Bildungslevel zu bleiben. Das spricht sehr für diese Schulform. Hier werden Schüler durchaus unterschiedlicher Herkunft in einer Sozial- und Lernform sozialisiert, die kognitiv anscheinend sehr anregend wirkt.«

und Intentionen zu entfalten. Herkunft, Geschlecht, ökonomische Mittel, politische Haltungen und religiöse Überzeugungen dürfen dem nicht im Weg stehen. Niemandem sollen deshalb Bildungsoptionen, die seiner Entwicklung zuträglich sind, verschlossen werden. Bildung geschieht um ihrer selbst willen; sie richtet sich aber auch auf die Bewältigung der äußeren Lebensrealität. Die Etablierung des Leistungsprinzips stellt dabei eine wichtige und in ihrer Bedeutung mitunter falsch eingeschätzte Größe dar. Ihr emanzipatorischer Charakter wird leicht übersehen. Dem Einzelnen eröffnen sich über die Leistungsdimension Perspektiven, die ihm ansonsten verschlossen oder allenfalls nur begrenzt wären. Eine Schwächung des Leistungsprinzips ist gerade für diejenigen wenig zuträglich, die sich unter erschwerten Lebensbedingungen auf den Bildungsweg machen.

Somit dürfte deutlich geworden sein, dass die vorstehenden Ausführungen kein Plädoyer für den Status quo darstellen. Eine solche Annahme würde den Text gründlich missverstehen. Eine nüchterne und ausgewogene Realitätsbeurteilung ist jedoch unabdingbar, damit sich Veränderungen ertragreich angehen lassen. Das wiederum ist eine schwierige Aufgabe. Eine klare Standortbestimmung bereitet erhebliche Probleme: Aufgrund der Komplexität der Thematik, aber auch wegen der affektiven Besetzungen, die mit Fragen der Bildungsgerechtigkeit einhergehen.

Brenner hat sich intensiv mit den Hintergründen ungleicher Bildungskarrieren auseinandergesetzt. Das Ergebnis, das am Ende seiner Ausführungen steht, ist ernüchternd. Zumindest für diejenigen, die glauben, Disparitäten im Bildungssystem ließen sich durch einfache Gleichungen auflösen. «Nach dem aktuellen Diskussionsstand, der einen Jahrzehnte langen Vorlauf hat, kann man wohl nur sagen, dass die Gründe für die ungleiche Chancenverteilung nicht dingfest zu machen sind – die in der Wissenschaft gerne verwendete Formulierung ›Multikausalität‹ von ›Bedingungsgleichheiten‹ ist nur eine vornehmere Variante dieses Befundes» (Brenner 2010, 17). Mit anderen Worten: Es bleibt im Grunde unklar, wie diese Disparitäten zustande kommen und deshalb auch, wie sie am besten beantwortet werden können. Auch Maaz, Baumert und Trautwein (2010, 52) stellen fest, dass »die Forschung von ›empirisch gesicherten‹ Aussagen zu den genaueren Mechanismen der Entstehung und Vergrößerung sozialer Disparitäten [...] noch weit entfernt« ist.

Weitgehend gesichert ist nur, dass die Gelenkstellen des Bildungssystems, die Übergänge zwischen den einzelnen Schulformen, ungleichheitsverstärkend wirken. Ein kritischer Punkt dürfte in Deutschland der Übergang zu weiterführenden Schulen sein. Soweit bisher untersucht, spricht einiges dafür, dass das Elternwahlrecht am Ende der Grundschulzeit soziale Disparitäten verstärkt. Kindern aus weniger privilegierten Elternhäusern gereicht dies zum Nachteil. Häufig werden sie auch dann nicht auf eine höhere Schule geschickt, wenn schulischerseits eine Empfehlung vorliegt. Umgekehrt neigen Eltern höherer Sozialschichten dazu, die Leistungsfähigkeit ihrer Kinder zu überschätzen. Lehrerinnen und Lehrer sind demgegenüber besser in der Lage, Kinder leistungsgerecht zu beurteilen. Ihre Empfehlungen weisen im Übergang zu weiterführenden Schulen eine deutlich höhere Objektivität auf (Dollmann 2011; vgl. auch Baumert et al. 2010).

Baumert et al. (2010) unterscheiden primäre und sekundäre Herkunftseffekte. Primäre Effekte schlagen sich als Folge spezifischer Erziehungs- und Sozialisationserfahrungen in den schulischen Leistungen nieder, sekundäre Herkunftseffekte existieren »losgelöst von der Schulleistung [und resultieren] zum Beispiel aus unterschiedlichen Bildungserwartungen und einem unterschiedlichen Entscheidungsverhalten« (Baumert et al. 2010, 8). Das heißt konkret, dass auch bei einem gleichen Leistungsstand schichten- und klassenspezifisch bedingt unterschiedliche Laufbahnentscheidungen getroffen werden; selbst dann, wenn Lehrerbeurteilungen und -bewertungen einer statistischen Kontrolle unterliegen.

Die empirische Überprüfung ihres jeweiligen Einflusses führt zu folgendem Ergebnis. Am stärksten wirken die gesellschaftlich nur begrenzt beeinflussbaren primären Herkunftseffekte auf die schulische Leistung ein. Weiterhin »fiel der absolute Einfluss der sozialen Stellung auf die Benotung am geringsten und auf die vollzogene Übergangsentscheidung am höchsten aus« (Baumert et al. 2010, 8). Ein vom sozialen Hintergrund beeinflusstes Lehrerurteil spielt also eine vergleichsweise geringe Rolle, bedeutsamer sind die Übergangsentscheidungen der Eltern, ohne dass sie allerdings die insgesamt dominierende Größe darstellen. Interessanterweise haben finanzielle Erwägungen bei der elterlichen Schulwahl kaum einen Einfluss. »Der sozioökonomische Hintergrund war [...] für die Übergangsentscheidung nahezu unbedeutend, wenn Unterschiede in den Erwartungen, Werten und Überzeugungen der Eltern kontrolliert wurden« (Baumert et al. 2010, 8). Im Hinblick auf Migranten »finden die vorliegenden Studien übereinstimmend, dass unter Kontrolle der schulischen Leistungen keine Benachteiligung bei Laufbahnempfehlungen mehr festzustellen sind, eher trifft das Gegenteil zu« (Ditton 2010, 60).

Insgesamt ist der empirische Forschungsstand zu den soeben aufgeworfenen Fragen noch relativ gering. Einen wichtigen Grund dafür sieht Kaube (2011) in dem gängigen Aufmerksamkeitsfokus der Bildungssoziologie. Sie orientiere sich, rituell wiederkehrend, an Grobkategorien wie Schichtzugehörigkeit, Geschlecht, Konfession, Beruf oder Bildungsstand, vornehmlich denen des Vaters. Der grundlegenden Frage aber, wie sich diese Faktoren konkret im Lebensalltag auswirken, werde nur unzureichend nachgegangen. Welche Lebensentwürfe und Kommunikationsstile beeinflussen die kindliche Entwicklung, wie sind persönliche Haltungen und Risikobereitschaften verteilt, welche Kostenkalkulationen werden vorgenommen – all das sind beispielhaft genannte Fragen, auf die Kaube gern detaillierte Antworten hätte, sie aber vermisst. Gleiches gilt für die Schule: Auch dort verschwinde das Kind hinter statistischen Kenngrößen, seine schulische Lebenswirklichkeit gerate soziologisch viel zu wenig in den Blick. »Die gängige Bildungssoziologie führt also das Paradox vor, dass sie die Familien und die Schulen als die Ursache der Bildungsungleichheit bezeichnet, aber weder über Familien noch Schulen viel zu sagen hat« (Kaube 2011, 1056).

101

Wie immer Kaubes Kritik im Einzelnen beurteilt werden mag: Sie mahnt zur Vorsicht und verweist erneut darauf, dass sich aufgrund der vorliegenden Befundlage pauschalisierende Schlussfolgerungen verbieten und damit auch solche, die im Schulsystem die entscheidende Größe sehen. Tenorth (2010b, 367) stellt dazu in einem historischen Überblick nüchtern fest: Die »bekannte Zuschreibung in der Ursachendiagnose auf Systemfragen und Schulstrukturen erwies sich schon bald als unzureichend«. Auch Maaz, Baumert und Trautwein (2010, 27) kritisieren kurzschlüssige Deutungen: »Die institutionelle Struktur des Bildungssystems, allem voran die Differenzierung des Sekundarschulsystems in voneinander getrennte Schulformen bzw. Bildungsgänge, wird [...] – oftmals ohne ausreichende Belege – als zentrale oder gar einzige Ursache sozialer Ungleichheit im Bildungssystem ausgemacht.« Dennoch wird der Streit um die richtige Form der Beschulung weitergeführt. Teils mit erheblicher Härte und unter zwei Perspektiven: der Bildungsgerechtigkeit und der Leistungsfähigkeit der jeweiligen Systeme.

Während die einen im Einheitsschulsystem unter beiden Aspekten erhebliche Vorteile sehen, kommen andere zu einem konträren Ergebnis. Besonders öffentlichkeitswirksam wird das gegliederte deutsche Schulsystem von Muñoz (2007) kritisiert, dem ehemaligen UN-Sonderberichterstatter für das Recht auf Bildung. Deutschland weise zwar im internationalen Vergleich eine ungewöhnlich lange Pflichtschulzeit und hohe Schulbesuchsquoten auf, es bestehe aber immer noch die »Herausforderung, ein effektives, nichtdiskriminierendes Bildungswesen einzurichten« (Muñoz 2007, 70). Bisher sei es nicht gelungen, »Bildung nach Menschenrechtsgesichtspunkten zu gestalten. Das ist ein Mangel, den besonders Migranten und behinderte Kinder zu spüren bekommen« (Muñoz 2007, 84). Die Gründe dafür liegen nach Munñoz auf der Hand: Sie werden in der »sehr frühe[n] Einstufung der Kinder auf die unterschiedlichen Schultypen [gesehen], die sie auf ihrem weiteren Weg für ihre gesamte Ausbildung und Zukunft festlegen« (Muñoz 2007, 85). Weitreichende strukturelle Veränderungen des Bildungssystems seien deshalb neben der Korrektur schulischer Inhalte unumgänglich. Im Klartext:

Das mehrgliedrige Schulsystem müsse aufgegeben werden, damit jedes Kind die Möglichkeit zur freien Entfaltung seiner Potentiale bekomme.

Die Stellungnahme Muñoz, anlässlich eines Deutschlandbesuches formuliert, stieß auf eine erhebliche Resonanz, mit sehr kontroversen Bewertungen. »Ohne Zweifel hat aber der Deutschlandbesuch [...] dazu beigetragen, dass Menschenrechte heute zumindest Bestandteil der bildungspolitischen Diskussion sind« (Lohrenscheit 2007, 15), so lautet eine der positiven Stellungnahmen. Zweifelsfrei ist Bildung ein Menschenrecht, das niemandem verwehrt werden darf. Weltweit geschieht dies in einem erschreckenden Maße. Es darf allerdings bezweifelt werden, ob die Probleme, die das deutsche Schulsystem aufweist, mit dem Verweis auf die Menschenrechte adäquat bezeichnet sind. Die Verletzung von Menschenrechten: Das ist ein äußerst ernstes und bedrückendes Thema, anlässlich der Ungeheuerlichkeiten, die sich Menschen in vielen Ländern der Welt gegenseitig antun. Insofern sollte dafür Sorge getragen werden, dass Maßstäbe gewahrt und ein Bewusstsein für elementare Differenzen aufrechterhalten wird. Die Lektüre des Buches über »Bildung auf dem Weg zu den Menschenrechten« (Muñoz 2012) nährt die Skepsis daran, ob dies wirklich immer geschieht.

Auch Preuss-Lausitz (2013) äußert erhebliche Zweifel daran, dass sich ein gegliedertes Schulsystem gehaltvoll legitimieren lässt und zwar aus unterschiedlichen Gründen: solchen, die sich auf die Leistungsentwicklung beziehen, und anderen, die die soziale und emotionale Entwicklung der Schülerinnen und Schüler betreffen. Während eine inklusive Erziehung, das »gemeinsame Lernen« und eine »Schule für alle«, in wünschenswerter Weise für mehr Gemeinschaftlichkeit sorge, dienten »Formen innerer und äußerer Selektion« der »Abgrenzung« und dem »Zerfall gesellschaftlicher Kohäsion« (Preuss-Lausitz 2013, 25).

Im Einzelnen bezieht sich Preuss-Lausitz auf die Ergebnisse einer Vielzahl empirischer Untersuchungen, die thematisch weit gestreut sind. Ihre Inhalte sind Zurückstellungen vom Unterricht bei Kindern, die noch nicht als schulreif gelten, Klassenwiederholungen aufgrund unzureichender Schulleistungen sowie die Folgen einer Beschulung in speziellen Klassen oder Sonderschulen, vor allem bei Schülern mit Lernbeeinträchtigungen. Jeweils werden die Vorteile einer gemeinsamen Beschulung herausgestellt. Mit »der Einweisung von sozial benachteiligten Kindern und Jugendlichen in Sonderklassen/Sonderschulen für Lernbehinderte [wird] Chancengerechtigkeit verhindert«, das ist die Schlussfolgerung aus einer Schweizer Untersuchung (Eckhart et al. 2011, 10), die Preuss-Lausitz wohlwollend zur Kenntnis nimmt, ebenso wie den Satz: Die »Abschaffung von Sonderklassen für Lernbehinderte ist unter dem Aspekt der Chancengerechtigkeit unumgänglich« (Eckhart et al. 2011, 10). Bedauerlicherweise, das darf hier angemerkt werden, finden die beträchtlichen methodischen Probleme dieser Untersuchung keine Erwähnung (Ahrbeck 2012a, c; vgl. auch Haeberlin 2012b).

Unter dem Aspekt der Chancengerechtigkeit sieht Preuss-Lausitz im gegliederten Schulsystem erhebliche Nachteile, es sei »ineffektiv und zugleich sozial ungerecht« (Preuss-Lausitz 2013, 45) – nicht nur aufgrund der zumeist frühen Differenzierung nach vier Schulbesuchsjahren. Mehr zustimmend als nur ein gängiges Meinungsbild wiedergebend, heißt es bei Bude (2013), dass es seit den 1990er Jahren zu einer erneuten sozialen Schließung der Gesellschaft gekommen sei. Angehörige privilegierter Schichten würden sich in erfolgsträchtige Bildungsgänge begeben, sich dort festsetzen und anderen hartnäckig einen gleichberechtigten Zugang verwehren. Auch kann der Chancenspiegel der Bertelmann-Stiftung (2013) als ein Indikator dafür angesehen werden, dass Chancenverbesserung als dringliches Thema gilt – durchaus mit einem kritischen Blick auf das gegliederte Schulsystem.

Heller (2012) hingegen plädiert nachdrücklich für den Erhalt einer institutionellen Differenzierung. Zur Begründung beruft er sich auf die Ergebnisse einer Fülle empirischer Untersuchungen, unter anderem auf IGLU, TIMMS und PISA, ohne dass dem hier im Einzelnen nachgegangen werden kann. Eine adäquate kognitive Förderung setze voraus, dass sich Schüler auf einem in etwa gleichen Entwicklungsstand befinden. »Schulformspezifische Anforderungs-

bzw. Leistungsmilieus bieten am ehesten leistungsförderliche Umgebungen für den effektiven Umgang mit Heterogenität. Zugleich garantieren solche differentiellen Entwicklungsmilieus größtmögliche Chancengerechtigkeit im Bildungsgang. Wissenschaftliche Belege für gegenteilige Behauptungen konnten trotz jahrzehntelanger Bemühungen bisher nicht erbracht werden« (Heller 2012, 305).

Eine Chancengerechtigkeit sieht Heller also dann als gegeben an, wenn jedem Kind eine optimale Leistungsentwicklung garantiert wird. »Bildungsgerechtigkeit lässt sich nach allen vorliegenden Erfahrungen am ehesten durch eine optimale Passung individueller Lernvoraussetzungen und schulischer Lernumwelten herstellen« (Heller 2012, 310). Die vielfach hoch gelobten Gesamtschulsysteme ermöglichen es in Ländern wie Frankreich und den USA, dass erschreckend viele Schüler keinen Schulabschluss erreichen. Die entsprechende Quote liegt bei 25 Prozent bzw. 30 Prozent eines Jahrgangs (Brenner 2010, 107), in Deutschland waren es 2011 nur noch 6,2 Prozent (Bertelsmann-Stiftung 2013, 11).

Dass auch dieser Wert noch höher als wünschenswert ist, steht auf einem anderen Blatt. Die genannten Zahlen müssen dennoch nachdenklich stimmen: Die Aussage, das in vielen anderen Ländern praktizierte lange gemeinsame Lernen sei generell erfolgreicher und insofern gerechter, lässt sich unter diesem Aspekt schwerlich aufrechterhalten. Von einer positiven Systemwirkung, die per se erfolgt, ist nicht auszugehen.

Frühe Differenzierungen, in den allermeisten Bundesländern nach der vierten Grundschulklasse, widersprechen laut Heller nicht dem Leistungs- und Gerechtigkeitsgebot. Im Gegenteil: Schuleignungsdiagnostisch und lernpsychologisch sei sie hinreichend abgesichert, die beste Voraussetzung dafür, dass Kinder in der Regel weder unter- noch überfordert werden. Ein längeres gemeinsames Lernen sei unter Leistungsgesichtspunkten nicht förderlich und eröffne auch keine langfristig günstigeren Perspektiven (vgl. auch Lehmann & Lenkeit 2008; Lehmann 2011; Dustmann, Puhani & Schönberg 2012). Das führt zum Teil zu heftigem Widerspruch: Eine gemeinsame Beschulung über die vierte Klasse hinaus wird als vorteilhaft, zumindest aber unter Leistungsgesichtspunkten nicht als nachteilig bewertet (Wössmann 2007; Baumert et al. 2009; Tillmann 2013). Die Datenlage, auf die sich beide Seiten berufen, ist allerdings recht begrenzt.

Generell konstatiert Heller der gegliederten Schule eine stärkere Leistungsfähigkeit als Gesamtschulsystemen. Er verweist dabei unter anderem auf die hohen Leistungsstände, die vor allem in Baden-Württemberg und Bayern erzielt werden; dort, wo das gegliederte System schulpolitisch das höchste Ansehen genießt. In »den PISA-[E]-Rankinglisten [finden sich] in der unteren Hälfte ausnahmslos Bundesländer mit starkem Gesamtschulanteil« (Heller 2012, 270). In eben diesem Sinne attestiert Kraus (2011, 33 ff.) den Gesamtschulen eine permanente Erfolglosigkeit. Er bezieht sich dabei unter anderem auf die Längsschnittstudie »Bildungsprozesse und psychosoziale Entwicklung im Jugendalter und jungen Erwachsenenalter (BIJU)«, die federführend vom Max-Planck-Institut für Bildungsforschung durchgeführt wurde (vgl. Baumert & Köller 1998 sowie Köller 2008).

Diese stichwortartige Darstellung belegt, fernab eines Anspruches auf Vollständigkeit, dass die Positionen kaum divergenter sein können. Sie resultieren unter anderem aus der jeweiligen Literaturauswahl, der methodischen Anlage der referierten Untersuchungen, der mit ihr einhergehenden Aussagekraft sowie ihrer geografischen und zeitlichen Verortung. Aufgrund der hohen Komplexität der zu untersuchenden Fragestellungen, die nur in Teilen bearbeitet werden, weiten sich die Interpretationsspielräume. Es liegt daher nahe, dass subjektive Bewertungsmaßstäbe keine unwesentliche Rolle spielen. Die Heftigkeit, mit der über das Schulsystem und Gerechtigkeitsfragen gestritten wird, ist ein unübersehbarer Indikator dafür.

Vieles spricht dafür, dass Systemfragen überbewertet werden. Darin sind sich nicht nur Baumert und Tenorth einig. »›Die Deutschen haben die falsche Diskussion geführt‹ sagt Jürgen Baumert, Präsident des Max-Planck-Instituts für Bildungsforschung in Berlin und seit langem so etwas wie der Doyen der deutschen Forschungsgemeinde in Sachen Schule: ›Sie haben Glaubenskriege über die richtige Schulform geführt, statt sich darum zu kümmern, wie man Kinder klüger macht‹« (Fleischhauer 2010, 113). Der Kern gegenwärtiger und zukünftiger Herausforderung besteht demnach darin, die Qualität der pädagogischen Arbeit vor Ort zu verbessern. Es soll in erster Linie nach Mitteln und Wegen gesucht werden, die es ermöglichen, dass Schülerinnen und Schülern mehr und schneller lernen – sowohl die leistungsstärkeren als auch die leistungsschwächeren.

In diesem Sinne äußert sich auch Tenorth (2010b, 368): »Die Befunde zeigten aber auch, dass nicht mehr die in Deutschland seit langem, kontrovers, intensiv und ideologisch belastet diskutierten Strukturfragen, sondern der Unterricht selbst der entscheidende Faktor war. Im Blick auf die unterschiedlichen Systeme hatten schon die Vergleichsstudien über Gesamtschulen und dreigliedriges Schulsystem eindeutig belegt, dass die Varianz der Leistungen und Effekte *innerhalb der Systeme* bedeutsamer ist als die Varianz *zwischen den Systemen*. Statt der Strukturfragen sind deshalb auch für die Qualität von Schule offenbar die Formen des Lehrens und Lernens, der Stil der pädagogisch-professionellen Arbeit, konkrete Förderprogramme, z. B. in der Beherrschung der deutschen Sprache, schon im vorschulischen Alter oder für die ›Risikogruppen‹ am ehesten geeignet, Abhilfe zu schaffen, die Qualität zu steigern und Bildungskarrieren offener und gerechter zu machen.«

Das ist eine realitätsgerechte Einschätzung und guter Vorschlag: Die Schule sollte sich auf das konzentrieren, was sie leisten kann, und das tun, was sie wirklich vermag. Übersteigerte Ambitionen und überzogene Erwartungen, die am Ende nur lähmende Enttäuschungen erzeugen, führen zu keinem ertragreichen Ergebnis. Allenfalls stellt sich ein kurzfristiger Gewinn ein, der in keinem sinnvollen Verhältnis zu dem erbrachten Aufwand steht. Das gilt auch für die Bildungsgerechtigkeit: »Soziologisch betrachtet ist es unwahrscheinlich, dass eine Organisation, die über wenig mehr verfügt als Unterrichtsstunden, auszugleichen vermag, was je nach Deutung, der Kapitalismus, die Klassengesellschaft, die Medien oder die Familien angerichtet haben. Vermutlich wäre viel gewonnen, wenn man sie tun ließe, was sie kann, anstatt sie ständig im Hinblick auf etwas zu reformieren und zu kritisieren, was ohnehin nicht in ihrer Macht steht« (Kaube 2011, 1058).

Unter diesem Gesichtspunkt müssen ständige Schulreformen kritisch gesehen werden; zumal dann, wenn sie keinen Bestand haben. Die Vergangenheit ist voll davon: Strukturelle Maßnahmen wurden eingeleitet, teils bis zur Unkenntlichkeit modifiziert oder wieder ganz zurückgenommen. Das ist bei der vier- oder sechsjährigen Grundschule so, die einige Bundesländer eingeführt und dann wieder abgeschafft haben, beim acht- oder neunjährigen Gymnasium verhält es sich nur wenig anders: Ursprünglich einheitliche Beschlüsse werden teilweise wieder aufgehoben, mit dem Ergebnis, dass eine nur schwer überschaubare gymnasiale Schullandschaft entstanden ist. Das Jahrgangsübergreifende Lernen (JÜL) in Berlin ist ein weiteres Beispiel. Zunächst als Königsweg gepriesen, wird es jetzt Schritt für Schritt zurückgefahren. Die gemeinsame Beschulung von Kindern mit besonderen Schwierigkeiten im Lernen, der Sprache und der emotional-sozialen Entwicklung galt eine Zeit lang in einigen Bundesländern als zukunftsträchtiges Modell, inzwischen ist Ernüchterung eingetreten, Mecklenburg-Vorpommern trennt sich davon. Die Zusammenlegung von Haupt- und Realschulen, die derzeit erfolgt, dürfte hingegen mehr Bestand haben. Bei übereilten Inklusionsbestrebungen kann wohl kaum davon ausgegangen werden. Bereits jetzt zeichnet sich in einzelnen Bundesländern ab, dass sie in Teilen revidiert werden müssen.

Auf der Ebene der sonderpädagogischen Förderung hat es in Berlin im Jahrgangsübergreifenden Lernen über lange Zeit faktisch ein Diagnoseverbot gegeben. Kinder mit besonderen Problemen der emotional-sozialen Entwicklung und des Lernens durften nicht mehr personenbezogen klassifiziert werden. Inzwischen ist eine Lockerung eingetreten. Zurückstellungen beim Schulbesuch aufgrund von Entwicklungsverzögerungen sollten zunächst fast gar nicht mehr erfolgen, nunmehr sind sie wieder leichter möglich. Für einige

Kinder mag dies ein Segen sein. Hamburg hatte sich über mehr als ein Jahrzehnt gänzlich von der Förderkategorie emotional-soziale Entwicklung getrennt, sie danach aber wieder eingeführt.

Die Reihe der Beispiele soll hier nicht fortgeführt werden, sie ließe sich aber problemlos erweitern. Im Vorteil sind in aller Regel diejenigen Bundesländer, die sich auf wenige durchdachte Reformen beschränken und diese konsequent zu Ende führen. Sachsen hat seit 1990 keine nennenswerten Strukturreformen durchgeführt. Ein Teil des Erfolges, der auf der Leistungsebene erzielt wurde, dürfte darauf beruhen – von den süddeutschen Bundesländern Bayern und Baden-Württemberg ganz zu schweigen.

National wie international erweisen sich soziale Disparitäten im Bildungssystem als erstaunlich stabil (Baumert et al. 2010; Ditton 2010; Tenorth 2010b). »Wie man es auch dreht und wendet: der schulischen Wirksamkeit sind klare Grenzen gesetzt« (Ditton 2010, 62). Es macht deshalb wenig Sinn, die unmittelbaren Einflussmöglichkeiten der Schule zu überschätzen. Weitere Reformbemühungen sollten dies zur Kenntnis nehmen, denn »die gegenwärtigen Hoffnungen, durch spezifische bildungspolitische Reformen gravierende Veränderungen bewirken zu können, [sind] nicht zwangsläufig überzeugend« (Ditton 2010, 53). Das ist noch recht diplomatisch formuliert. Köller & Baumert (2008, 757) äußern sich deutlicher: »Natürlich liegt es nahe, die Institution Schule selbst als Schuldigen der Ungleichheiten zu identifizieren und eine nach wie vor existente soziale Diskriminierung von Arbeiterkindern im Bildungssystem zu beklagen [...] Die empirischen Belege für diese These sind allerdings außerordentlich schwach. Die Befunde von Längsschnittuntersuchungen, die überhaupt erst eine Überprüfung der theoretischen Annahme zulassen, liefern wenig Unterstützung.«

Offensichtlich sind die vor-, neben und nachschulischen Einflüsse, die vom Elternhaus ausgehen, von so großer Bedeutung, dass sie den Veränderungsmöglichkeiten der Schule einen relativ engen Rahmen setzen. Es sind die Ressourcen, über die Familien verfügen, die eine wesentliche Größe dafür darstellen, wie ein Kind die Schule durchläuft und mehr noch, wie sein weiterer beruflicher und sozialer Werdegang ausfällt. Das haben auch Fend und Mitarbeiter (Fend, Berger & Grob 2009) schmerzlich feststellen müssen, die Autoren der bis dato größten Langzeituntersuchung zu diesem Thema, der LiFE-Studie. Sie gibt eine Auskunft auf die Frage, wie sich Bildungserfahrungen langfristig auswirken. Die PISA-Studien hingegen beinhalten lediglich eine Momentaufnahme der Situation, in der sich 15-jährige Schüler und Schülerinnen befinden.

»Selten hat mich das Ergebnis meiner Forschungen so überrascht und enttäuscht wie diesmal: Die Gesamtschule schafft unter dem Strich nicht mehr Bildungsgerechtigkeit als die Schulen des gegliederten Schulsystems – entgegen ihrem Anspruch und entgegen den Hoffnungen vieler Schulreformer, denen ich mich verbunden fühle. Die soziale Herkunft, so die bittere Erkenntnis der neuen Studie, entscheidet hierzulande noch langfristiger über den Bildungserfolg der Kinder als bislang angenommen« (Fend 2008a; vgl. auch Fend 2009, 55 f.).

Fend hatte in früheren Arbeiten festgestellt, dass die innerschulische Zuweisung zu Leistungsgruppen in Gesamtschulen weniger stark mit der sozialen Herkunft zusammenhängt als die Differenzierung von Schülern in unterschiedlichen Schulformen. Unter diesem Gesichtspunkt bieten die Gesamtschulen einen Vorteil. Eine Analyse der Entwicklungsverläufe vom 12. bis zum 35. Lebensjahr zeigte dann jedoch, dass es sich nur um einen vorübergehenden Effekt handelt. Die Form des Schulbesuchs erweist sich für die weitere Entwicklung als bedeutungslos. Mit anderen Worten: Welche Schulabschlüsse erreicht, welche Ausbildungen gewählt und welche Berufswege eingeschlagen werden, all das hängt nicht davon ab, ob eine gemeinsame Beschulung in der 5. und 6. Klasse erfolgte, eine Gesamtschule oder das dreigliedrige Schulsystem besucht wurde. In jedem dieser Fälle erwies sich die soziale Herkunft als die sehr viel einflussreichere, die ausschlaggebende Größe. Einer erneuten Diskussion um das richtige Schulsystem steht Fend deshalb zurückhaltend gegenüber.

Die Prägungen und Einflüsse, die das Kind durch das Elternhaus erfährt, sind vielfältig; sie wirken sich nachhaltig auf die gesamte Lebensspanne aus. Die Persönlichkeitsentwicklung des Kindes erfährt in den ersten drei Lebensjahren eine entscheidende Grundlegung. Diese alte psychoanalytische Erkenntnis hat die neuere Hirnforschung noch einmal bestätigt. Frühe Beziehungserfahrungen und ein altersadäquates, kindgerecht anregendes Milieu tragen dazu bei, dass Kinder mit unterschiedlichen Entwicklungsvoraussetzungen in die (Vor-)Schule aufgenommen werden. Gegenwärtig variieren sie erheblich: Viele Kinder können bereits zu Schulbeginn recht gut lesen und rechnen, andere haben damit noch nach vier Schulbesuchsjahren erhebliche Schwierigkeiten; etliche Kinder sind emotional und in ihrem Sozialverhalten gut auf die Schule vorbereitet, einigen hingegen bereiten schulische Verhaltensanforderungen große Probleme. Die familiäre Unterstützung während der Schulzeit trägt das Ihrige dazu bei. Außerschulische Unterstützungsmaßnahmen wie Nachhilfe und Schularbeitenzirkel haben Konjunktur, volkswirtschaftlich sind sie zu einer beträchtlichen Größe geworden. Materielle Lebensbedingungen wirken sich hier ebenso wie in der frühen Entwicklung aus. Hinzu kommt ein herkunftsspezifisches Wahlverhalten, das sich auf die eingeschlagenen Bildungs- und späteren Berufswege auswirkt. Selbst wenn die Schule nutzt, was in ihren Möglichkeiten steht: die Kräfte, primäre und sekundäre Herkunftseffekte, die außerhalb ihres Einflusses liegen, sind letztlich stärker. Als besonders wirksam erweisen sie sich Fend zufolge bei der Gestaltung des nachschulischen Lebens.

Dieses Phänomen zu beurteilen, ist keine ganz leichte Aufgabe. El-Mafaalani (2013) weist darauf hin, dass ein Bildungsaufstieg erhebliche Trennungsleistungen erfordern kann – modifiziert durch das jeweilige Herkunftsmilieu.»Die Stärken der Bildungsaufsteiger zeigen gleichzeitig die Probleme und Risiken beim Aufstieg auf. Diejenigen, die es geschafft haben, zeichnen sich durch ein hohes Maß an Trennungskompetenz aus. Denn der Bildungsaufstieg kann auch als Distanzierung vom Herkunftsmilieu beschrieben werden. Im Prinzip könnte man sagen, dass alles, was in der Kindheit wichtig war, aufgegeben wird. Das muss man erstmal aushalten können. Es ändern sich die Interessen, die Werte, das Aussehen, die

111

Sprache usw., während das Herkunftsmilieu nahezu unverändert bleibt« (El-Mafaalani 2013, 104). Das mag ein wenig überzogen formuliert sein: Anzuerkennen ist aber, dass der größere Teil derjenigen, denen ein Bildungsaufstieg gelingt, damit eine besondere Leistung vollbringt. Sie haben es schwerer gehabt als andere, ohne dass ihnen die Gesellschaft die entsprechenden Belastungen gänzlich abnehmen konnte.

Vor dem skizzierten Hintergrund muss aber auch respektiert werden, dass nicht jeder Mensch einen solchen Weg beschreiten möchte. In jedem Einzelfall gilt es abzuwägen, welche Vor- und Nachteile sich persönlich einstellen. Die beibehaltene Nähe zur Herkunftsfamilie kann durchaus ein guter Grund dafür sein, sich gegen vorhandene Bildungsoptionen zu entscheiden. Zumal die Risiken einer hochgradigen Individualisierung immer wieder beschrieben werden (Beck 1986; Ehrenberg 2008).

Durch die Brille der Bildungsökonomie betrachtet, ergibt sich jedoch ein anderes Bild: Dort erscheint jeder Elektromeister, der nicht studiert, als Abbrecher eines Erfolg versprechenden Entwicklungsweges. Jede Abiturientin, die in einer Bank arbeiten möchte, fehlt in der Statistik des akademischen Bildungserfolges. Wer mit mittlerer Reife den Familienbetrieb fortführen möchte (anstelle eines angestrebten Germanistikstudiums) gilt als jemand, der sein Optimum nicht erreicht hat. Nur: Ob eine solche Bewertung zulässig ist, darf füglich bezweifelt werden. Das Ringen um die besten numerischen Kennwerte kann sich gegenüber dem, was die Betroffenen wirklich beschäftigt, als blind erweisen. Normierte Vorstellungen darüber, wie die Emanzipation des Einzelnen auszusehen habe, müssen nicht immer ein guter Ratgeber für eine subjektiv fruchtbringende Entwicklung sein. Niemandem jedoch, der die Fähigkeiten und den Willen dazu hat, darf ein Bildungsaufstieg verwehrt werden. Das ist eine Selbstverständlichkeit.

Anstatt sich überzogenen Gleichheitsidealen zu verschreiben, sollten die unmittelbar virulenten Probleme angegangen werden. Der Versuch, gesellschaftliche Gleichheit durch schulische Gleichheit erzeugen zu wollen, ist zwangsläufig zum Scheitern verurteilt.

Weder führt das gegliederte Schulsystem »zum Verfall gesellschaftlicher Kohäsion«, wie Preuss-Lausitz (2013, 25) behauptet, noch ist das Gegenteil der Fall. Eine gemeinsame Beschulung sichert keinen späteren sozialen Zusammenhalt, ihr Einfluss ist diesbezüglich gering. Sie ist sehr viel machtloser, als vielfach gewünscht wird. »Man mag es beklagen, aber sollte es nüchtern zur Kenntnis nehmen: Die Schule kann die Gesellschaft nicht gerechter machen. Sie eignet sich nicht als Instrument des social engineering. Wer das von ihr fordert, der überfordert und demotiviert sie. Der nimmt ihr am Ende die Kraft, das drängendste Problem des deutschen Bildungswesens zu lösen« (Kerstan 2012, 67).

Das drängendste Problem: Es betrifft das untere Fünftel des Leistungsspektrums, diejenigen Schülerinnen und Schüler, die elementare Bildungsziele nicht erreichen – weder im Grundschulbereich und schon gar nicht im Sekundarbereich I (Autorengruppe Bildungsberichterstattung 2012, 9; Stanat et al. 2012). Auf sie sollten sich die Bildungsanstrengungen konzentrieren, sie bedürfen schnellstmöglich einer intensiven Unterstützung. »Schwachen Schülern ist am besten geholfen, wenn wir akzeptieren, dass nicht alle gleich sind« (Kerstan 2012, 67). Diese Aussage eines Bildungsjournalisten mag provozierend klingen, sie trifft aber einen entscheidenden Punkt. Die Frage, warum diese Schüler keinen höheren Bildungsweg einschlagen, ist fern der Realität angesiedelt. Sie steht, in aller Regel jedenfalls, überhaupt nicht auf der Tagesordnung.

Gerechtigkeitsfragen richten sich an das System Schule im Allgemeinen: Wie »gerecht« kann Schule überhaupt sein? Ist sie in der Lage, herkunftsbedingte Bildungsunterschiede aufzuheben oder zumindest erheblich abzuschwächen? Vermag sie es, einen bedeutenden Beitrag zu einer nachschulisch gerechteren Gesellschaft zu leisten? Gerechtigkeitsfragen treten seit Jahrzehnen in den Debatten über die Struktur des Bildungssystems in Erscheinung, mitunter mit vorschnellen und leichtfertigen Verknüpfungen, wie die vorstehenden Ausführungen zeigen. Kinder mit Behinderung sind davon gleichermaßen betroffen, die fortwährende Integrationsdiskussion und die teils emotional ausgetragene Auseinandersetzung über spezielle

Förderorte zeugen davon. Mit der Inklusion stehen Gerechtigkeitsfragen erneut ganz oben auf der Tagesordnung. Die Hoffnungen, die sich auf gemeinsame Beschulung richten, sind dabei oftmals sehr weitreichend. Endlich soll möglich werden, was bisher ausgeschlossen war: alle Kinder erhalten die »gleichen Bildungschancen« (Antoni 2012, 1).

Die bisher bedeutendste bundesweite Inklusionsuntersuchung, die sich mit dem »Hamburger Schulversuch« beschäftigt, hat nun allerdings erbracht, dass es weniger die schulischen Systeme sind, die darüber entscheiden, wie sich Schüler entwickeln. Eine sehr viel größere Bedeutung kommt der Qualität der pädagogischen Arbeit vor Ort zu. Bleidick (1999, 131) fasst die entsprechenden Ergebnisse so zusammen: »Die wichtigste Erkenntnis lautet jedoch: Klasseneffekte sind allemal größer als Systemeffekte. Das gilt sowohl für die Leistungsentwicklung als besonders auch für die soziale Position der benachteiligten Kinder in Integrativen Regelklassen. [...] Der Schulerfolg und die emotional-soziale Befindlichkeit eines Kindes hängen nicht in erster Linie von der Zugehörigkeit zu einem System – Integrative Regelklasse versus übliche Grundschulklasse – ab. Die jeweilige Bezugsgruppe des Lernorts entscheidet.« Für die Bewertung der Entwicklungschancen der Schüler ist dieser, auch anderenorts anzutreffende Befund wahrlich nicht unwichtig. Dass er auch unter dem Aspekt der Bildungsgerechtigkeit bedeutsam ist, liegt auf der Hand.

Dort, wo Kinder vergleichsweise am meisten lernen, wo sie emotional am besten vorankommen und sich in ihrem sozialen Verhalten besonders gut stärken können, wird man wohl kaum einen primären Ort der Ungerechtigkeit finden können. Kinder mit und ohne Behinderung unterscheiden sich darin nicht. Eine bestmögliche Förderung, die zu einer optimalen Bewältigung von Behinderung beiträgt, hat für diese Schüler einen besonders hohen Wert, für die aktuelle Lebenssituation ebenso wie für ihre langfristige Entwicklung. Besonders dann, wenn man bedenkt, dass sich Lernbeeinträchtigungen, Sprachbehinderungen und besondere Probleme der emotional-sozialen Entwicklung zu einem Teil endgültig überwinden lassen.

114

Auch diesem Faktum muss im Rahmen der Gerechtigkeitsdiskussion ein angemessener Platz eingeräumt werden.

Die groß angelegte Studie des neuseeländischen Bildungsforschers Hattie (2013), ein weltweit einzigartiges Projekt, hat noch einmal eindrucksvoll belegt, welches die entscheidenden Faktoren für den Lernerfolg sind. Das professionelle pädagogische Handeln im Unterricht erweist sich dabei als die zentrale Größe. Der bedeutendste Einfluss geht von der Person der Lehrerin oder des Lehrers aus: Von ihrer persönlichen Präsenz, ihrem Wissen über Lernprozesse und ihrer Fähigkeit, sie optimal anzuleiten und zu unterstützen, von ihrer Beziehung zu den Schülern und einer gezielten Rückmeldung über die erfolgten Lernprozesse. Schulstrukturelle und -organisatorische Maßnahmen sind dem eindeutig nachgeordnet, sie spielen entgegen anders lautender Erwartungen und Behauptungen keine entscheidende Rolle.

Dieser Befund spricht nicht per se gegen eine inklusive Beschulung, nicht gegen die wünschenswerte stärkere schulische Gemeinsamkeit von Kindern mit und ohne Behinderung. Er verweist aber auf den begrenzten Einfluss, den die Schulstruktur im Rahmen des pädagogischen Gesamtgeschehens einnimmt. Insofern gilt es, die Maßstäbe zu wahren. Das inklusive Anliegen sollte nicht mit Erwartungen überfrachtet werden, an denen es am Ende nur scheitern kann, ebenso wie andere schulische Reformen zuvor. Die Bildungsgerechtigkeit, die vermeintlich nur die Inklusion bieten kann, ist dazu ein wichtiges Stichwort. Der Monopolanspruch, allein sie führe in eine gerechte Welt, ist einem guten Gelingen ebenso abträglich wie das allzu sorglos erhobene Versprechen, die Inklusion sei der Garant für eine bisher nicht gelebte neue Humanität.

# 7

## »Gute« und »schlechte« Menschen

*»Hinter dem idealisierenden Utopiedenken verbirgt sich die Verleugnung
der unausweichlichen menschlichen Aggression«*
*Otto Kernberg*

Unter dem Begriff der Inklusion versammeln sich gegenwärtig »die
größten moralisch-politischen Ansprüche und die höchsten pädagogischen Versprechen.« Dieser Befund stammt von Heinz-Elmar
Tenorth (2011, 1), einem der angesehensten deutschen Erziehungs-
wissenschaftler, der sich insbesondere mit historischen Fragen des
Faches auseinandersetzt. Tenorth vergleicht die aktuelle Polarisie-
rung, die wenig Spielraum für abwägende Stellungnahmen lässt, mit
der vor Jahrzehnten geführten Diskussion um die Gesamtschulen.
Auch damals ging es um ein Zukunftsmodell, das hoch gepriesen

wurde, aber auch heftige Skepsis hervorrief. Wie immer bei »binär codierten Problemlagen«, bestehe auch heute die Gefahr, »dass der pädagogische und erziehungswissenschaftliche Ertrag der Frontenbildung [...] im umgekehrten Verhältnis zur Schärfe der Debatte« steht (Tenorth 2011, 1).

Solange hohe affektive Beteiligungen und der Anspruch moralischer Überlegenheit den Inklusionsdiskurs bestimmen, lässt sich schwerlich ein anderes Ergebnis erwarten. Die Härte, mit der die Auseinandersetzung geführt wird, ist erheblich; die Waffen, die zum Einsatz kommen, sind scharf geschliffen. Verletzungen des Gegners werden einkalkuliert. »Als Wissenschaftler, der um Objektivität und Realitätsanalyse bemüht sein muss, bewegt man sich bei diesem Thema quasi auf einem ideologischen *Minenfeld*« (Speck 2010, 7). Und Christian Geyer (2011) hat nicht unrecht, wenn er schreibt, dass mit »einem Mal [...] Fragen der Beschulung zu Fragen auf Leben und Tod« werden.

Von »größten moralisch-politischen Ansprüchen« kann insofern gesprochen werden, als Inklusion als universales Menschenrecht verstanden wird, das Menschen mit Behinderung bisher nur unzureichend zur Verfügung stand. Schulisch soll ein System entstehen, das der Separierung behinderter Menschen ein endgültiges Ende setzt und tradierte Ungerechtigkeiten nachhaltig überwindet. Dabei beschränkt sich der inklusive Entwurf nicht auf Menschen mit Behinderung. Unterschiedlichste individuelle Besonderheiten sollen im Rahmen einer begrüßenswerten Vielfalt eine Anerkennung finden, die ihnen bisher verwehrt wurde. Zugleich ist intendiert, dass sich die Grenzen zwischen behinderten und nicht behinderten Kindern, Jugendlichen und Erwachsenen relativieren. So weitgehend, dass Behinderungen zukünftig als selbstverständlicher Teil der Normalität kaum noch in Erscheinung treten.

»Höchste pädagogische Versprechen« bestehen darin, dass – vielleicht ein wenig übertrieben formuliert – ein neues Zeitalter der Pädagogik anbrechen soll. Die Erwartungen, die sich vor allem an die Schule richten, sind immens. Für alle Kinder, so unterschiedlich sie auch sein mögen, soll in einem gemeinsamen Raum ein persönlich wohltuender und pädagogisch adäquater Rahmen entstehen. Eine Optimierung ihrer personalen und sozialen Entwicklung wird angestrebt, in einem Klima gegenseitiger Akzeptanz und Achtung, das nicht durch ein beliebiges Nebeneinander geprägt ist, sondern durch eine aktive Zuwendung zum Anderen. Auf der Leistungsebene sollen begabte wie unbegabte Schüler profitieren, auch dadurch, dass sie sich gegenseitig zum Lernen anregen. So zumindest sieht es ein Teil der überzeugten Inklusionsbefürworter. Andere hingegen nehmen, wie gezeigt wurde, zur Leistungsentwicklung und vergleichenden Leistungsmessung eine reserviertere Haltung ein. Gleichwohl ist Chancengleichheit eine wichtige Losung, die immer wieder ausgegeben wird, auch wenn häufig unklar bleibt, was damit eigentlich gemeint ist. Schulische Gemeinschaftserfahrungen, die zweifellos von großem Wert sind, werden mit erheblicher Bedeutung für das weitere Leben versehen. Sie gelten oftmals als Vorboten einer besseren, inklusiven Gesellschaft.

Bemerkenswert ist, dass ganz unterschiedlich positionierte Autoren wie Jantzen und Speck an einem Punkt zu einer sehr ähnlichen Einschätzung gelangen. »Die Debatte um Inklusion hat an vielen Orten eine Dimension angenommen, die man sarkastisch nur als neue Religion kennzeichnen kann«, so ist bei Jantzen (2012, 36) zu lesen, und Speck (2010, 68) konstatiert: Es kann passieren, dass »die Proklamierung geradezu *religiöse* Qualität einnimmt und Inklusion zu einem *Glaubensartikel* wird. Die Verve, mit der die ›Inklusion‹ seit dem Bekanntwerden der UN-Behindertenrechtskonvention in Deutschland öffentlich und in den Institutionen verbreitet wird, hat manchmal *missionarische* Züge angenommen. Es entsteht der Eindruck, als würde ein *Heilsversprechen* von unstreitbarer *Gewissheit* ausgedrückt«.

Das mag sehr prägnant formuliert sein und übertrieben klingen. Ganz sicher trifft es nur auf einen Teil derjenigen zu, die sich für mehr Gemeinsamkeit von Menschen mit und ohne Behinderung einsetzen. Im Inklusionsdiskurs finden sich, das darf nicht übersehen werden, auch viele abwägende und bedachte Stimmen; eine Bekehrungshaltung liegt ihnen gänzlich fern (z. B. Tenorth 2011;

Breyer et al. 2012; Ellinger & Stein 2012; Rauh et al. 2012; Stinkes 2013a, b). Sie haben es jedoch schwer, sich vor einer überaus lauten Kulisse Gehör zu verschaffen. Im Abgleich von radikaler und moderater Inklusion, von einem engen und einem weiten Inklusionsbegriff (Koch 2012, 41), sind es nur selten die gemäßigten Stimmen, die den Ton angeben, in der öffentlichen Wahrnehmung wie auch im Wissenschaftskonzert.

Es dürfte sich also lohnen, der Heftigkeit, mit der für Inklusion gestritten wird, genauer nachzugehen, zumal der Einsatz für die Inklusionsidee mitunter unerbittliche Züge annimmt. Dann geht es in einer ganz radikalen Weise darum, ob ein »richtiger« oder »falscher« Weg beschritten wird, ob sich die »fortschrittlichen« gegen die »rückschrittlichen« Kräfte durchsetzen, ob der Kampf um einen »menschlichen« Umgang miteinander gewonnen oder verloren wird. »Eine solche Position spaltet […] und verwandelt den eigentlich nötigen *Dialog* zur *Gegnerschaft*« (Speck 2010, 69). Genau genommen: zur Feindschaft; denn Spaltungen kennen nur zwei völlig voneinander separierte Seiten, die entweder nur als »gut« oder ausschließlich »schlecht« erlebt werden. Zwischenpositionen existieren dann nicht mehr. Inklusionsbefürworter und Inklusionsgegner stehen sich, sofern Spaltungen persistieren, unversöhnlich gegenüber. Damit ist ein Phänomen beschrieben, das sich in menschlichen Gemeinschaften häufig einstellt, wenn es in affektiv aufgeladener Form um weltanschauliche Fragen geht.

»Eine Verabsolutierung der Inklusionsidee kann dazu führen, dass jegliche *Zweifel* an dieser Idee als Gefahr für die Verwirklichung von Inklusion angesehen und in die Schranken gewiesen werden« (Speck 2010, 69). Abweichende Überlegungen und Stellungnahme, welcher Art auch immer, gelten dann als bedrohlich. Sie stehen im dringenden Verdacht, den Gesamtentwurf zu schädigen, ihn in seinem Wesenskern anzugreifen, grundsätzlich und ohne Einschränkung. Sei es, dass sie nicht eindeutig und konsequent genug erscheinen oder auch, weil sie es wagen, grundlegende Vorbehalte zu äußern. So warnt Ianes (2009, 41) mit eindringlichen Worten vor denjenigen, die »getrennte Abläufe in der Schule oder eigene Behin-

119

dertenklassen in besonders ausgestatteten Schulen« befürworten. Sie nähmen eine »harte und anmaßende Position« (Ianes 2009, 40) ein, arbeiteten »heuchlerisch« auf »neue Segregationen und Ausgrenzungen« hin. Dies könne zu »verheerenden Ergebnissen« führen: der Etablierung eines »sozialen Neodarwinismus, [der] Rückkehr der Selektion im Namen der Exzellenz und der gewaltsamen Wettbewerbsfähigkeit« (Ianes 2009, 41).

Kritiker geraten dadurch schnell in die Defensive. Sie sehen sich häufig herben Vorwürfen und moralisierenden Entwertungen ausgesetzt. Mitunter werden sie sogar »tribunalisiert: Sie seien gegen ›Inklusion‹, heißt es dann« (Speck 2010, 68). In der Folge erscheinen sie als diejenigen, die das Rad der Geschichte zurückdrehen wollen, als Personen, für die Solidarität und Gerechtigkeit, Chancengleichheit und eine humane Grundhaltung nur einen geringen Stellenwert einnimmt. So als stünden sie unwiderruflich auf der falschen Seite, als dürften sie nicht mehr beanspruchen, sich für das Kindeswohl einzusetzen (vgl. Wocken 2011a, b).

»Dürfen sich [...] Inklusions-Skeptiker«, so fragt Häußler (2012, 184) besorgt, »nun nicht mehr auf diese Werte berufen? Stellt ein Sonderpädagoge, der hier kritisch-abwägend Fragen und Vorbehalte äußert, damit auch den Wert der Solidarität in Frage? Wendet er sich damit von den sonderpädagogischen Grundwerten wie Anerkennung des Individuums, respektvollem Handeln und dem Denken von den Stärken des Kindes her ab, wie sie als Merkmale einer ›inklusiven‹ Haltung beschrieben werden?« Mit diesen Fragen ist die Situation derjenigen gut umrissen, die das Gefühl haben, machtvoll in eine Ecke gedrängt zu werden, in die sie in Wirklichkeit nicht gehören. Sie sehen sich dadurch in eine Position gebracht, die ihnen wenig Spielraum lässt. Ihr zu entkommen, erfordert erhebliche Kraftanstrengungen, und es ist ungewiss, ob ein solches Unternehmen überhaupt gelingen kann. Das ist bedauerlich, in vielerlei Hinsicht. Die Fachdiskussion verarmt, sie wird nicht mehr in der notwendigen Offenheit geführt, die Außendarstellung der Erziehungswissenschaft und Sonderpädagogik leidet darunter und politische Entscheidungen, die sich des Fachdiskurses bedienen, müssen sich auf einen eingeschränkten Erkenntnisstand verlassen.

Damit ist eine ebenso bemerkenswerte wie merkwürdige Situation entstanden. Die Polarisierungen, die sich im Kampf um die Inklusion einstellen, tragen kaum etwas von dem in sich, was als ihr elementares Anliegen gilt. Häufig stehen sie ihm sogar diametral entgegen, oft in ganz unverstellter Form. Die Akzeptanz von Vielfalt, die Anerkennung jedes Einzelnen, die Bereicherung, die seine Individualität für alle ausmacht, das wird als ein Kerninhalt des Inklusionsgedankens immer wieder herausgestellt. Dabei geht es auch, das kann gar nicht anders sein, um die Unangepassten, die Eigensinnigen, diejenigen, die mit dem Mehrheitswillen ihre Probleme haben und in ihrer Besonderheit anderen heftig widersprechen. Auch ihnen gebührt die gleiche Anerkennung wie allen anderen, auch ihnen müsste der gleiche Respekt gezollt werden.

»Ist Ihnen das auch schon aufgefallen, wie aggressiv und unnachgiebig häufig ausgerechnet die überzeugtesten Anhänger der Inklusion diskutieren? Genau genommen ist das ein performativer Selbstwiderspruch. Man tut also selbst genau das, was man zu tun für unzulässig erklärt: Ein überzeugter Inklusionist müsste nämlich vielmehr Vielfalt begrüßen, den Anderen schätzen und begeistert als Teil seiner Selbst in die Arme schließen, also auch den Kritiker der Inklusion. Toleranz und Gelassenheit, Demut und Fröhlichkeit wären also die Kardinaltugenden der Inklusion und sind es in Wahrheit häufig doch nicht.« Diese Passage ist einem Redebeitrag Brodkorbs (2012, 28 f.) entnommen worden, den er anlässlich eines Inklusionskongresses in Mecklenburg-Vorpommern gehalten hat. Der vorgetragenen Einschätzung kann nur zugestimmt werden.

Für diejenigen, die eine abwägende Position vertreten, gilt dies nicht. Sie äußern sich in aller Regel sehr viel moderater, eine ideologisch geprägte Besetzung liegt ihnen ferner; das ergibt sich bereits aus ihrem Anliegen. Sie suchen keine radikale Lösung und wollen auf komplexe Fragen keine einfachen Antworten geben, wie sie in der Forderung nach einer »Schule für alle«, der Ablehnung von

Bildungsstandards oder der restlosen Auflösung des Behinderungs-
begriffs zu finden ist. Gleichwohl wird man ihnen, den gemäßigten
Fachvertretern, schwerlich unterstellen können, dass sie nicht re-
formbereit seien. Eine stärkere Gemeinsamkeit von Menschen mit
und ohne Behinderung ist auch ihr Anliegen. In der einschlägigen
Fachliteratur ist ein starres Festhalten am Status quo kaum jemals
vorzufinden; und wenn überhaupt, dann nur in äußerst seltenen
Ausnahmefällen. Bildungspolitisch haben sich alle Bundesländer
daran gemacht, Veränderungen einzuleiten, die mehr Gemeinsamkeit ermöglichen. Auch das ist ein Beleg dafür, dass viel in Bewegung
geraten ist. Über die jeweiligen Inhalte und das eingeschlagene Reformtempo lässt sich natürlich trefflich streiten.

Die Frage nach der Notwendigkeit und Sinnhaftigkeit institutioneller Differenzierungen gehört auch weiterhin zu den kontrovers
diskutierten Punkten. Zu Trennungen, die im Rahmen der Schule
erfolgen, findet sich bei Hinz (2011, 119) folgende Passage: »Jeder
einzelne Abbruch des Gemeinsamen Unterrichts ist ein dramatisches Ereignis, alle mal für das betreffende Kind und seine Familie,
zu hohen Anteilen auch für die beteiligten Professionellen.« Ein dramatisches Ereignis: Das klingt, als seien Trennungen per se etwas
Schreckliches und Schädigendes. Sie erscheinen als ein illegitimer
Akt, der zu Erfahrungen zwingt, denen sich kaum jemals eine positive Seite abgewinnen lässt. Jeder einzelne Abbruch, so heißt es, sei
betroffen; in jedem einzelnen Fall und unter allen Umständen kann
also ein schlechtes Ergebnis prognostiziert werden. Somit steht a
priori fest, was für das einzelne Kind gut ist und was nicht. Man
fragt sich, woher diese Gewissheit kommt.

Auf eine Empirie kann sich eine solche Aussage nicht stützen. An
größeren Stichproben erhobene Daten ermöglichen keine Aussagen
über den Einzelfall, mit individuellen Besonderheiten und gegenläufigen Bewegungen ist jederzeit zu rechnen. Fallstudien führen be-
kanntermaßen zu uneinheitlichen Ergebnissen. Was als Argumentationslinie bleibt, ist eine vom Individuum abstrahierende Berufung
auf für zwingend gehaltene Notwendigkeiten. In diesem Fall ist es
der Rückgriff auf allgemeine Integrations- oder Inklusionserfahrun-

gen und, dahinter stehend, der Rückgriff auf das »Menschenrecht auf Teilhabe« (Hinz 2011, 119).

Der Satz, jeder Abbruch sei ein dramatisches Ereignis, ist einer Erwiderung entnommen, die Hinz zu einem in der Zeitschrift »Teilhabe« erschienenem Beitrag verfasst hat. Der von Hinz heftig kritisierte Bonfranchi (2011) hatte dort einige grundlegende Bedenken formuliert, die aus seiner Sicht gegen eine Einzelintegration von Kindern mit geistiger Behinderung sprechen. Diese Kinder werden, davon ist Bonfrachi überzeugt, in eine »permanente Überforderungssituation« gebracht, unter der eine optimale Förderung leide. Sie seien durch den Entzug ihrer Bezugsgruppe allein auf sich gestellt und nähmen einen »Exotenstatus« ein, der ihnen nicht gut tue. Früher oder später würden sie doch wieder einen speziellen Lebensweg einschlagen, also unter sich bleiben. Entweder bereits in den höheren Schulklassen, spätestens jedoch beim Übergang in einen »sog. beschützten Arbeitsrahmen«. Damit werde ihnen ein Umweg zugemutet, der bei realistischer Betrachtung der Gegebenheiten keinen entsprechenden Ertrag einbringe. Eine solche »unreflektierte Integration von Kindern mit geistiger Behinderung verletzt ihre Würde« (Bonfranchi 2011, 90). Sie diene stärker den Integrationswünschen Erwachsener als den Kindern selbst, das ist Bonfranchis abschließendes Resümee.

Darüber kann man geteilter Auffassung sein. Wiederum stellt sich die Frage, ob pauschale Aussagen zu einer Personengruppe angemessen sind. Dennoch ist es lohnend, sich genauer mit Bonfranchis Überlegungen auseinanderzusetzen; denn sie werfen ein scharfes Licht auf ein Spannungsfeld, dem die Inklusion ausgesetzt ist.

An ein Faktum sei hier erinnert, ohne es im Einzelnen bewerten zu wollen. Im integrationserfahrenen Schweden ist es in den letzten zwanzig Jahren annähernd zu einer Vordoppelung der Sonderklassen für Kinder mit geistiger Behinderung gekommen (Barow 2011). In Norwegen sind sie auf Wunsch der Eltern wieder eingeführt worden. Dort ist die Zahl der Schüler mit speziellem Förderbedarf, die in segregierten Gruppen unterrichtet werden, seit Beginn des

Jahrtausends wieder deutlich angestiegen – wenngleich auf insgesamt niedrigem Niveau (Schumann 2010, 5). Finnland hat seit 1998 einen kontinuierlichen Ausbau spezieller pädagogischer Settings vorgenommen, in zeitweiser oder vollständiger Trennung von anderen Schülern (Saloviita 2009).

Es bietet sich auch aufgrund dieser Entwicklung an, so unvoreingenommen wie möglich darüber nachzudenken, ob dies ein humaner und zugleich pädagogisch verantwortungsvoller Weg sein kann. Eines sollte Bonfranchi nicht abgesprochen werden: Ein ernsthaftes Bemühen darum, für Kinder mit einer geistigen Behinderung den besten schulischen Lebensweg zu suchen, auch im Hinblick auf ihr späteres Leben.

Hinz jedoch geht, neben einigen bedenkenswerten Überlegungen, zu einem frontalen Angriff über: »Bonfranchis eigene Reflektion verkürzt die Probleme allerdings so extrem, dass er den Schüler(inne)n mit dem Schwerpunkt geistige Entwicklung – wenn man sie denn noch in diesen alten Gruppenkategorien so bezeichnen muss – pauschal faktisch ihre ›Integrationsfähigkeit‹ (Formulierung der 1980er Jahre) bzw. ihr ›Menschenrecht auf Teilhabe‹ (aktuelle Formulierung) abspricht. Das ist nicht nur ein Skandal, sondern eine kollektive Menschenrechtsverletzung, wenn nicht ein Beispiel für Gruppen bezogene Menschenfeindlichkeit [...]; damit scheint sich Haeberlins Frage (2007), ob die Heilpädagogik über ihre Haltungen zum Alltagsrassismus beitrage, zu bestätigen« (Hinz 2011, 119). Ein wenig mehr Gelassenheit wäre hier wünschenswert gewesen, ein wenig mehr Respekt gegenüber einen kritisch eingestellten Autor ebenfalls.

Das Dramatische an einer Trennung, bei Abschulung oder spezieller Beschulung, besteht nach Hinz darin, dass ein psychisch beschämender und sozial schädigender Zustand hergestellt wird. Eine andere Möglichkeit, die sich als fruchtbringend erweist, scheint es nicht zu geben. Sie wird durch den unbedingten Wunsch nach einer Schule für alle – »das heißt: ausnahmslos für alle« (Hinz 2011, 121) – und die Berufung auf universale Menschenrechte, die anderenfalls verletzt würden, ausgeschlossen.

Doch der Blick auf die Realität verrät etwas anderes. Die Erfahrungen von Kindern und Eltern mit unterschiedlichen Institutionen fallen durchaus divergent aus. Sie weisen nicht in eine einzige Richtung. Zu sehr positiven Integrations- und Inklusionserfahrungen gesellen sich solche, die zu einem gegenteiligen Ergebnis kommen. Insofern enthält die Behauptung, die Inklusion bereichere alle Beteiligten gleichermaßen, eher ein Wunschbild, als dass sie die schulische Wirklichkeit adäquat widerspiegelt. Die Vorteile der Inklusion werden gegenwärtig häufig hervorgehoben, oft in sehr idealisierter Weise. Von ihren Nachteilen ist hingegen sehr viel seltener die Rede.

Im Folgenden werden einige kritische Erfahrungsberichte wiedergegeben. Sie sollen einen Beitrag zu einem insgesamt ausgewogenen Bild leisten. Ihr Ziel ist es nicht, das sei ausdrücklich betont, die Möglichkeiten und Erfolge einer gemeinsamen Beschulung durch Gegenbeispiele zu schmälern. Im Gegenteil: Es ist nur wünschenswert, wenn zukünftig mehr Gemeinsamkeit entsteht. Auf dem Weg dahin ist aber eine unaufgeregte Bestandsaufnahme erforderlich, eine solche, die auch die Grenzen des jeweils Möglichen anerkennt.

Frau C. (2009) berichtet über ihren zehnjährigen Sohn, der die fünfte Klasse einer Förderschule besucht. Bereits zu Schulbeginn war absehbar, dass eine altersgemäße Einschulung das Kind überfordern würde. Sie erfolgte dennoch, da in dem entsprechenden Bundesland die »Rückstellung für entwicklungsverzögerte Kinder pauschal abgeschafft« worden war. »Das zweite sowie das beginnende dritte Schuljahr wurde für unseren Sohn zu einer intensiven Zeit des Leidens und der Ausgrenzung.« Intellektuell konnte das Kind nicht mehr folgen. Es wurde »wegen seiner mangelnden Auffassungsgabe gehänselt« und war sozial isoliert; diverse schwerwiegende und hoch belastende Symptome stellten sich ein. Der Junge »entwickelte [...] Schlafstörungen, seine zu Beginn sehr ausgeprägte Lernmotivation brach förmlich in sich zusammen und sein Selbstwertgefühl erlitt einen großen Schaden«. Der intensive Austausch mit den durchaus bemühten Lehrern änderte daran nichts. »Aus einem freundlichen und vor allem fröhlichen, der Welt aufgeschlossenem Kind wurde innerhalb dieser Zeit ein Kind, das sich morgens nicht mehr in die

125

Schule traute und nicht mehr leben wollte.« Mit dem Besuch einer speziellen Förderklasse im dritten Schuljahr trat schnell eine Entlastung ein. »Ein großer Teil seiner psychischen Symptomatik bildete sich innerhalb weniger Wochen deutlich zurück. [...] Er hatte das erste Mal in seinem Leben schulische Erfolgserlebnisse [...] Heute ist unser Sohn glücklich. Er geht gerne in die Schule und hat Freunde dort, mit denen er auch seine Freizeit verbringt« (Frau C. 2009, 21 ff.).

Unter dem Titel »Clemens flippt aus« hat die Journalistin Dorit Kowitz (2013) eine ungewöhnlich umfangreiche Fallgeschichte veröffentlicht. Sie bezieht sich auf ein Kind, das eine massive, über die Zeit weitgehend stabile Symptomatik aufweist: »Clemens hat ADS, die Variante ohne Hyperaktivität. Ein Zappelphilipp ist er nicht, doch seine Tobsuchtsanfälle bis zur völligen Erschöpfung bringen seine Eltern zur Verzweiflung. Clemens Störung dominiert ihr Leben« (Kowitz 2013, 15). Die sehr bemühten Eltern suchen in ihrer Not eine Erklärung für dieses Verhalten, finden aber keine. Auch nicht durch die Konsultation diverser Fachleute, die unterschiedliche Diagnosen vorschlagen und mit ihren Therapien und Interventionen allesamt scheitern. Clemens ist sozial kaum einzubinden, seine Wutanfälle lassen sich so gut wie gar nicht steuern.

Die Integrationsgruppe eines Kindergartens gerät trotz einiger anfänglicher Erfolge ebenfalls in die Defensive, eine nachhaltige Verhaltensänderung bleibt aus. In der Schule entstehen ebenfalls massive Probleme, die sich noch dadurch verstärken, dass Clemens zunehmend gewaltsam nach außen agiert. Die Schulpflicht wird daraufhin vorläufig unterbrochen, danach nur noch stundenweise in Kraft gesetzt. An einen Aufenthalt in einer Kinderpsychiatrie, die mit Hilfe medikamentöser Unterstützung zu ersten Fortschritten führt, schließt sich der Besuch einer Sonderschule mit dem Schwerpunkt emotional-soziale Entwicklung an: »Mittlerweile geht Clemens genau auf die Förderschule, die wir früher so strikt abgelehnt haben«, berichtet die Mutter. »Wir haben uns eines Besseren belehren lassen. Denn dort gibt es ein einzigartiges Konzept, das es möglich macht, nicht nur auf seine Schwierigkeiten, sondern auch auf seine Hochbegabung einzugehen. Wobei die Hochbegabung bis jetzt überhaupt keine Rolle spielen kann. Jetzt geht es erst einmal um das Elementare: dass Clemens lernt, mit anderen Kindern auszukommen und Autoritäten zu akzeptieren und Zeiten einzuhalten« (Kowitz 2013, 17). Die elterlichen Belastungen sind nach wie vor erheblich. Aber sie haben nun das Gefühl, dass es vorangeht.

Eine Mutter berichtet darüber, wie schwer sie sich damit getan hat, eine Förderung in einer speziellen Einrichtung in Erwägung zu ziehen. Ihr mit einem Down-Syndrom zur Welt gekommener Sohn sollte, das war ihr Wunsch, von der »Normalität« anderer Kinder lernen, dadurch schneller vorankommen und ein gut integriertes Leben führen, mit den »besten Chancen auf Selbstbestimmung und persönliches Glück [...], also das [erleben], was sich Eltern für ihre Kinder wünschen« (Dahm 2012, 298). Die Erfahrungen, die sich schmerzlich einstellten, führten zu einem anderen als dem ursprünglich gewünschten Ergebnis.

Es stellte sich nämlich heraus, dass das Kind bereits in einer integrativen Kindergartengruppe überfordert war, mehr besondere Ansprache und Zuwendung benötigte, als es dort erhalten konnte. In einer Förderschule mit einer überschaubaren Gruppe von sechs bis sieben Kindern gelang dies sehr viel besser, aus ganz unterschiedlichen Gründen, die auch im System Sonderschule gesehen werden. »Die Förderschule ist keine Verwahranstalt, in der mein fittes Kind, die, die es härter getroffen hat, betreut und sich ansonsten langweilt. Im Gegenteil: Hier findet Mathias Anerkennung, die er sonst nicht finden würde« (Dahm 2012, 300). Er erlebe sich auf Augenhöhe mit anderen und habe die Möglichkeit, echte Freundschaften zu schließen. Das Kind wie auch seine Eltern könnten nunmehr entspannter leben. In gemischten Kindergruppen außerhalb der Schule sieht es, wie die Autorin berichtet, ganz anders aus. Hier steht Mathias am Rande, wird wenig beachtet, mitunter auch belächelt oder gar offen abgelehnt. Die Inklusionsidee ist Dahm aber nicht fremd: Sie lobt das Bemühen der dort Engagierten und betont ausdrücklich, dass sie aus ihrer Sicht für viele Kinder ertragreich sein könne – aber eben nicht für alle.

Die genannten Beispiele sprechen für sich. Sie haben keine Beweiskraft, die eine endgültige Aussage für oder gegen eines der Systeme
ermöglichen könnte – deswegen wurden sie auch nicht genannt.
Jedes der Systeme ist in mehr oder weniger starken Grenzen veränderungsfähig. Insofern hätten sich, andere Bedingungen vorausgesetzt, auch ganz anders gelagerte Erfahrungen einstellen können.
Die betroffenen Eltern können jedoch nicht warten, bis sich früher
oder später (oder vielleicht auch nie) ein systemischer Wandel eingestellt hat. Sie müssen unmittelbar entscheiden und den besten
Weg für ihr Kind einschlagen, der ihnen derzeit zur Verfügung steht.
Jedes Kind hat nur eine Schulzeit. Chancen, die nicht genutzt werden, sind vertan.

Nur: Wie sollte man die Elternteile, die soeben zu Wort kamen,
bewerten? Sie sind der Auffassung, dass ihr Kind in einer speziellen Einrichtung besser untergebracht ist und haben entsprechende
Erfahrungen gemacht – andere Eltern erleben und bewerten dies
anders. Handelt es sich bei den einen um Eltern, die sich angemessen um ihre Kinder kümmern und liebevoll für sie sorgen, und bei
den anderen um solche, die dies nicht tun? Bereiten die einen ihre
Kinder verantwortlich auf das Leben vor, die anderen aber nicht?
Öffnen sich manche Eltern dem unumgänglichen Fortschritt und
sind andere dem ewig Gestrigen verpflichtet? Prägnant formuliert:
Unterscheiden sich beide Gruppen in grundlegender Weise darin
voneinander, dass sich einige Eltern eines humanen Weges bedienen
und andere – man mag es kaum sagen – diesen verweigern? Und
ebenso scharf gefasst: Machen sich manche Eltern zum willigen Erfüllungsgehilfen eines aussondernden und aussortierenden Systems,
vielleicht ohne es zu merken, während andere, aufgeklärte mutig
Widerstand leisten? Stehen sich hier gute und schlechte Eltern, gute
und schlechte Menschen gegenüber? Das wird man wohl kaum behaupten können.

Die gestellten Fragen mögen übertrieben klingen und auf den
ersten Blick unangemessen erscheinen. Sie zu formulieren ist aber
trotzdem notwendig. Bei aller Eigendynamik, die Systeme aufweisen, sollte nicht übersehen werden, dass sie von konkreten Personen

betrieben und verantwortlich gestaltet werden. Der massive Vorwurf zum Beispiel, Sonderschulen seien die »unverdünnte Hölle« (Demmer 2009), kann die dort arbeitenden Lehrerinnen und Lehrer nicht unberührt lassen. Sie treffen sie persönlich.

Auch die ansonsten im Inklusionsdiskurs, und nicht nur dort, verwendete Begriffswahl ist nicht immer eine freundliche. Aussortieren, Aussondern und Selektieren sind zu Standardvokabeln geworden. Sie werden als wirkungsmächtige Kategorien gezielt benutzt. Ihr Einsatz erfolgt häufig mit einer solchen Selbstverständlichkeit, dass der Anschein entsteht, sie dürften nicht mehr kritisch hinterfragt werden. Dabei geben sie, durchaus gewollt, eine bestimmte Richtung vor – und nur diese. Wer aussortiert wird, dem geschieht Unrecht. Er wird in eine Situation gebracht, die ihm schadet und die ihn unglücklich machen kann. Dem Ausgesonderten passiert das gleiche. Auch ihm wird ein Lern- und Lebensraum entzogen, der schlicht und einfach »gut« für ihn ist. Jedenfalls sehr viel besser als jede andere institutionelle Möglichkeit – so lautet der Tenor einer kaum noch zu übersehenden Fülle von Darstellungen. Selektieren ist ebenfalls ein Begriff, der so eingesetzt wird, dass er negative Assoziationen hervorruft. Auch ihm haftet an, dass Schülern etwas Unnötiges und Unzumutbares angetan wird. Wer selektiert, begeht einen grundlegenden und schwerwiegenden Fehler; er stellt eine für das Kind fruchtbringende Zugehörigkeit infrage. Die »sozialdarwinistische Härte«, die Wocken (2012, 47) dem gegliederten Schulsystem attestiert, mag eine zwar sehr geschärfte, aber dennoch treffende Bezeichnung für eine weit verbreitete Stimmungslage sein, die sich generell gegen institutionelle Differenzierungen richtet.

Bemerkenswert ist dabei, dass ein offensichtliches Phänomen kaum noch beachtet oder zumindest mit Bedeutungsentzug versehen wird. Auf eine schulische Trennung folgt in aller Regel eine Wiederaufnahme an einem anderen Ort. Mit der Absicht, den Kindern dort einen neuen, sicheren und förderlichen Ort zu geben. So wird man zum Beispiel Lehrerinnen und Lehrern spezieller pädagogischer Settings, sei es in Sonderschulen oder -klassen, eine freundliche Grundhaltung den aufgenommenen Kindern gegenüber kaum absprechen können. Und auch nicht, dass sie sich ernsthaft und nach besten Kräften um diese Schüler bemühen. Einer Abschulung folgt also kein Ausschluss ins Bodenlose, kein Fall ohne ein sicherndes Netz, kein Abgrund sozialer Kälte. Der Begriff der Exklusion beschreibt diesen Vorgang nur unzureichend (Stichweh 2009; Wansing 2009; Warnke & Taurines 2012).

Ob die Entscheidung für einen solchen Wechsel im Einzelfall sinnvoll und notwendig ist, das steht auf einem ganz anderen Blatt. Vieles spricht dafür, dass weniger spezielle Einrichtungen benötigt werden als gegenwärtig existieren. Eine stärkere Gemeinsamkeit von Kindern mit und ohne Behinderung ist wünschenswert. Pädagogisch kann sie sehr ertragreich sein. Auf dem Weg dorthin sind allerdings heftige Vorwürfe und massive Anschuldigungen ein denkbar schlechter Begleiter. Sie werden jedoch, wie soeben gezeigt, im erheblichen Umfang denjenigen gegenüber erhoben, die institutionelle Differenzierungen nicht generell in Frage stellen.

Lehrerinnen und Lehrer leisten an Sonderschulen eine gute Arbeit, aber leider am falschen Ort – das ist eine häufig vorzufindende Formulierung. Vor dem Hintergrund der massiven Anklagen, die gegen das »Aussondern«, »Aussortieren« und »Selektieren« vorgebracht werden, ist das eine erstaunlich harmlose Formulierung. Sie wirkt wie eine Beschwichtigungsformel, die von den vorgebrachten Angriffen ablenken soll. Es sei denn, man unterstellt, diese Lehrkräfte seien selbst Gefangene eines Systems, das ihnen keine eigene innere Bewegungsfreiheit und persönliche Meinungsbildung erlaubt. Dann sind sie allerdings auch keine mündigen Bürger mehr.

Kaum eine Thematik polarisiert gegenwärtig so sehr wie die Inklusion. Sie ist deshalb symbolisch so aufgeladen und affektiv so hoch besetzt, weil es um generelle Gerechtigkeitsfragen geht, um Humanität im Schulischen und Außerschulischen, letztlich darum, wie eine humane und gerechte Gesellschaft aussehen soll. Eine eindeutige Klärung auf sachlicher Grundlage lässt sich nicht erwarten, sie kann es auch gar nicht geben. Die zugrunde liegenden Verhältnisse sind zu komplex, als dass sie in Gänze erfasst werden könnten, sie entziehen sich in all ihren feinen Verästelungen einem Zugriff.

Das eröffnet erhebliche Interpretationsspielräume, die einseitige oder gar extreme Bewertungen fördern, wenn sie unter dem Druck ungestümer Wünsche und hoher moralischer Ansprüche stehen. Insofern handelt es sich hierbei um »Themen, die Haß und Zorn hervorrufen« (Ehrenberg 2011, 31).

Erschwerend kommt hinzu, dass im Inklusionsdiskurs bisher unbeglichene Rechnungen wieder auf die Tagesordnung gesetzt werden. Die alten Kämpfe für die Einheitsschule und gegen das gegliederte Schulsystem erhalten nunmehr neue Nahrung. In der Hoffnung, dass sich die schulische Inklusion behinderter Kinder als hilfreicher Bündnispartner erweisen kann. Wie nur wenige andere Autoren hat Brodkorb sehr klar die Widersprüche eines radikalen Inklusionsbegehrens herausgestellt. Er widmet sich dabei auch dem utopischen Gehalt des Inklusionsgedankens. Als einen »der ersten und wichtigsten Inklusionstheoretiker überhaupt« bezeichnet Brodkorb (2012, 20) Karl Marx. Diese auf den ersten Blick vielleicht überraschende Verknüpfung resultiert aus einem gesellschaftspolitischen Entwurf, für den die Gleichheit unter Menschen ein Gut höchster Ordnung ist. Materielle Güter sollen, am Endpunkt der Entwicklung, in einer Weise verteilt werden, die individuellen Ansprüchen und Notwendigkeiten entspricht. Nicht mehr die gerechte Entlohnung unterschiedlicher Fähigkeiten ist deshalb das Ziel, denn sie produziert notwendigerweise Ungleichheit. Wer mehr leistet, erhält auch mehr. Stattdessen wird eine Verteilung angestrebt, die den persönlichen Fähigkeiten und Bedürfnissen entspricht. Jeder bekommt das, was er braucht – in einem speziell auf ihn zugeschnittenen Maße. Es sind also höchst individuelle Kriterien, die angelegt werden, damit eine wirkliche Verteilungsgerechtigkeit entsteht. Sie soll von all dem befreien, was Ungleichheit schafft.

»Wenn Sie also nach einer Definition von ›Inklusion‹ in Reinform fragen, ist das im Grunde ganz einfach: Inklusion ist Kommunismus für die Schule. Und das meine ich nicht einmal polemisch« (Brodkorb 2012, 21). Auch in einer radikal gefassten inklusiven Schule soll jeder das bekommen, was er benötigt. Nach seinen eigenen Fähigkeiten und Bedürfnissen, ohne Kränkung und Zurücksetzung, ohne Differenzbildung, durch die Gleichheit gefährdet wird.

Die Gemeinsamkeiten, die zwischen beiden Idealen existieren, sind bei näherer Betrachtung unverkennbar. Sie beruhen jeweils auf einem Höchstmaß an Individualisierung, das angestrebt wird, um eine unbedingte Gleichheit zu sichern. Bei Marx auf der gesellschaftspolitischen Ebene; bei den radikalen Inklusionsbefürwortern im pädagogischen Bereich, aber nicht mehr nur dort, sobald die Vision einer inklusiven Gesellschaft in den Blick gerät. Darin hat Brodkorb nicht unrecht: Es handelt sich in beiden Fällen um Entwürfe, die eine Seite des gesellschaftlichen Rahmens und der persönlichen Existenz sehr einseitig akzentuieren. Die andere Seite: das Streben nach Differenz, die Suche nach dem eigenen Vorteil, der Wille, aus der Gemeinsamkeitsordnung auszubrechen – sie tritt hier wie dort nicht mehr in Erscheinung.

Nur unter Verzicht auf diese zweite Dimension kann ein (weitgehend) spannungsfreier pädagogischer Raum konzipiert werden. Er verspricht Kindern wie Eltern individuelle Entfaltung, ohne zwingende Verpflichtungen und erlöst von der Last gesellschaftlicher Zumutungen. Ein zentraler, der Schule immanenter Widerspruch soll dadurch aufgehoben werden. Die verbleibenden pädagogischen Schwierigkeiten sind folglich eher marginaler Art, der frühere Grundkonflikt kann sie nicht mehr belasten. Soweit das ersehnte Wunschbild.

»Kommunismus wie radikale Inklusion entspringen beide dem Traum, die Zerrissenheit und Brüchigkeit unserer empirischen Welt zu überwinden. Karl Marx kämpfte für die völlige Gerechtigkeit auf dem Arbeitsmarkt und bei der Reichtumsverteilung, die radikalen Inklusionisten setzen sich für eine völlig gerechte Schule ein« (Brodkorb 2012, 23). Das ist zugespitzt formuliert. Der idealisierende und damit realitätsflüchtige Kern des radikalen Inklusionsgedankens wird damit aber genau getroffen. Der Einwand, es handele sich nur um eine Utopie, hält einer kritischen Betrachtung nicht stand. Es geht, genau betrachtet, auch gar nicht um ein Idealbild im Sinne des nie Erreichbaren. Auf der Tagesordnung stehen vielmehr sehr konkrete Absichten. Sie sollen in absehbarer Zeit praktisch umgesetzt werden und einen elementaren Widerspruch der Schule auflösen. Deshalb wird bereits heute gefordert: Keinerlei institutionelle Differenzierung mehr, Auflösung von Behinderungskategorien, Abschaffung von Vergleichsmaßstäben.

Auf die »Zerrissenheit« und »Brüchigkeit« der Welt, von der Brodkorb sprach, bezieht sich auch eine andere Vision der pädagogischen Arbeit. Sie kommt in dem Wunsch nach einem unbelasteten Neubeginn zum Ausdruck, den Cohen (2004) in der Arbeit mit psychosozial schwer geschädigten, oft auch traumatisierten Kindern und Jugendlichen häufig vorgefunden hat. Dieser Wunsch paart sich mit der Überzeugung, dass er sich real und nicht nur symbolisch erfüllen lässt, wenn nur die innere Bereitschaft dazu besteht und sich die äußeren Bedingungen als hinreichend günstig erweisen. Die Hoffnung auf einen Neubeginn gilt für beide Seiten: Die betroffenen Kinder und Jugendlichen sehnen sich verständlicherweise danach, dass sie die Last der Vergangenheit erfolgreich abschütteln können. Das Schlimme und Schreckliche, das ihnen geschehen ist, möchten sie überwinden, ohne dass etwas Belastendes zurückbleibt. Die professionellen Helfer teilen dieses Anliegen. Auch sie wünschen sich einen Neuanfang, der das Vergangene ungeschehen macht. Die »goldene Fantasie« (Cohen 2004) des Neubeginns speist sich aus einer Begegnung »guter« Menschen; solcher, die anderen nichts Schädigendes antun, weil sie in ihrem Inneren kaum über destruktive Kräfte verfügen. Und sie träumt von Menschen, die die ungewöhnliche Kraft haben, die Vergangenheit restlos zu bewältigen.

Im Inklusionsdiskurs klingt einiges davon an. Auffällig ist, dass destruktive Kräfte im inklusiven Innenraum so gut wie gar nicht vorkommen. Zwar wird durchaus erwähnt, dass es auch weiterhin Konflikte geben und mit speziellen psychischen Belastungen gerechnet werden muss. Von einer ernsthaften Gefährdung des Gemeinsamen ist jedoch kaum die Rede, ganz zu schweigen von System sprengenden Mächten. Wenn sich der Gedanke der allumfassenden Gemeinschaftlichkeit durchgesetzt hat, so scheint es, begegnen sich Menschen, die im Prinzip freundlich aufeinander bezogen sind, gut für einander sorgen können und das auch wollen. Gerecht soll es untereinander zugehen, jeder bedürfnisgemäß teilhaben und in seiner Individualität geachtet werden. Der Wunsch danach ist nur zu verständlich, die Erziehung von Kindern zur Gemeinschaftsfähigkeit ein überaus wichtiges Ziel.

Doch wo bleiben die gegenläufigen Bewegungen? Wie verhält es sich mit Eigensinn und Egoismus, Wut und Neid, Hass und Missgunst? Welche Rolle spielt eine heftige Aggressivität, die sich gegen andere richtet und sie schädigt? Eine Destruktivität, die sich ebenso rücksichtslos wie machtvoll in Szene setzt? Oder, so lässt sich weiter fragen, was ist mit inneren Gefährdungen, die aus zu viel Nähe entstehen? Was ist, wenn die Angst vor anderen so groß ist, dass sie unerträglich wird? Wenn es Kinder mit anderen nicht aushalten und sich deshalb der Schule entziehen?

Mit diesen schwierigen, teils im wortwörtlichen Sinne unfreundlichen Seiten muss sich die Pädagogik generell auseinandersetzen. Nicht nur die Inklusion. Irritierend ist dennoch, dass diese Dimension im inklusiven Entwurf kaum thematisiert wird, obgleich die pädagogische Beziehung einen sehr hohen Stellenwert einnimmt. Aushalten und Ertragen, Ohnmacht und Ausgeliefertsein, unerträgliche Konflikte und unzumutbare Beziehungserwartungen, all das kommt kaum mehr vor. Ebenso wenig wie ein Ringen um Zuwendung, das äußerst beanspruchend sein kann, eine quälende Anstrengung, um im Kontakt zu bleiben, ein forderndes Ankämpfen gegen die eigene Hoffnungslosigkeit.

Bemerkenswert wenig Licht fällt auf das, was psychoanalytisch als negative Übertragung bezeichnet wird. Darunter wird die innere Konstellation eines Menschen verstanden, die zu einer bestimmten Wahrnehmung führt und darüber hinaus zu einer gewissen Form der Beziehungsgestaltung. Beide zeichnen sich dadurch aus, dass sie von Ablehnung und Abneigung geprägt sind und sich aus aggressiven und entwertenden Wünschen speisen. Sie anzuerkennen, ist grundsätzlich eine schwierige Aufgabe, wohl eine der anspruchsvollsten überhaupt, die im pädagogischen und therapeutischen Kontext vorkommt. Denn es muss ohne Wenn und Aber eingestanden werden, dass die eigene Person abgelehnt wird, als nicht gut erscheint, als unzureichend und ungeeignet, um dem anderen zu helfen. Pädagogisch eindrucksvolle Beispiele finden sich bei von Freyberg & Wolff (2005/2006), die sich mit unbeschulbaren Jugendlichen auseinandersetzen.

Für eine Inklusion, die auf eine neue Form der Humanität setzt und beansprucht, für jedes Kind den besten Entwicklungsraum zu garantieren, stellt die negative Übertragung eine besondere Herausforderung dar. Jeder Person soll das gleiche Maß an positiver Aufmerksamkeit und Achtung entgegen gebracht werden. Jeder Schüler soll, an seinen Maßstäben gemessen, gerecht behandelt werden. Das ist ein hohes Ziel. Ein destruktives Potenzial, das in der Person steckt, steht dem entgegen.

Die Losung, Achtung für die Person, ohne ihr Verhalten gut zu heißen, ist vielfach ein kluger Ratgeber. Sie kann es ermöglichen, auch bei gravierenden Beziehungsproblemen im Kontakt zu bleiben. In der Hoffnung, dass sich neue Beziehungserfahrungen einstellen, die sich als tragfähig und pädagogisch fruchtbringend erweisen – auch im Sinne einer Symptomreduzierung. Dies gilt so lange, wie das problematische Verhalten in einem halbwegs erträglichen Rahmen bleibt, also keine überwältigend destruktiven Züge annimmt. Ist dies nicht der Fall, kann die Beziehung in einen mächtigen aggressiv-destruktiven Sog geraten, der kaum noch eine Distanzierung zulässt. Das Wissen darum, dass zum Beispiel früher Erlittenes ausagiert wird, greift dann nicht mehr, es führt weder zu einer inneren Beruhigung noch zur Wiederherstellung der Handlungsfähigkeit. Insofern ist die Erwartung und Forderung, allen Menschen unter allen Umständen die gleiche Achtung zu zollen, ein zwar anstrebenswertes, zugleich aber auch ein unerfüllbares Ideal.

Die Bedeutung ungebundener oder nicht hinreichend integrierter Aggressionen sollte im Kontext diverser Störungsbilder und pädagogischer Konfliktsituationen nicht unterschätzt werden. Sie spielen bei massiven Verhaltensstörungen eine gewichtige Rolle, aber bei weitem nicht nur dort. Kinder und Jugendliche mit Verhaltensstörungen gehören zu denjenigen Personengruppen, die besonders

schwer integrierbar oder inkludierbar sind (Ch. Lindmeier 2009).
Jedenfalls dann, wenn sie sich in chronisch krisenhaften Situationen befinden und strukturelle Besonderheiten der Persönlichkeitsentwicklung aufweisen. Diese an sich alt bekannte Tatsache (Goetze
1990) wird von Vertretern der Verhaltensgestörtenpädagogik bis in
die jüngste Zeit deutlich herausgestellt (z. B. Ellinger & Stein 2012;
Willmann 2012; Bleher et al. 2013; vgl. auch WHO 2011).

In politisch einflussreichen fachlichen Stellungnahmen zum inklusiven Umbau der Schule spielt sie eine überraschend geringe Rolle. Dazu ein Beispiel: Die einflussreiche »Bertelsmann-Studie von
Klemm (2009) kommt mit einer einzigen Seite zum Forschungsstand
aus (10). [...] Behauptet wird, es gebe mittlerweile international wie
national zahlreiche Studien. Die Darstellung des Forschungsstandes
erfolgt allerdings insbesondere selbstreferentiell (Bezug auf das Bre-
men-Gutachten von Klemm und Preuss-Lausitz, 2008)« (Ellinger &
Stein 2012, 101). Die wenigen anderen Untersuchungen, die genannt
werden, beziehen sich vor allem auf Kinder mit Lernbeeinträchtigungen. »Hieraus werden dann aber Implikationen für das gesamte
System der Förder- bzw. Sonderschulen gezogen« (Ellinger & Stein
2012, 101) – also auch auf spezielle Einrichtungen für Schüler mit
Verhaltensstörungen.

Auch das Gutachten, das von Klemm und Preuss-Lausitz (2008)
für das Bundesland Bremen verfasst wurde, weist nicht unerhebliche Mängel auf. Die »gesamte Argumentationslinie ist wenig kon-
sistent« (Ellinger & Stein 2012, 102): Aufgrund einer selektiven
Literaturauswahl und dem Fehlen bedeutsamer Quellen, der Gene-
ralisierung spezieller Untersuchungsergebnisse auf ein breites sonderpädagogisches Feld und kritischer Analysen, die nur dort erfolgen, wo sich schwierige Seiten der Integration zeigen, nicht aber bei
»integrationsfreundlichen Befunden« (Ellinger & Stein 2012, 102).
Eine gewisse Sorglosigkeit zeigt sich auch in den Erörterungen zum
Förderschwerpunkt emotional-soziale Entwicklung. Dort wird »nur
die deutschsprachige Literatur berücksichtigt« und »über die Befundlage rasch hinweggegangen«, leichten Schrittes, da es »lediglich
um ›Alternativen zur Schule für Erziehungshilfe‹« geht. Es ist »kei-

nerlei Bemühen erkennbar, die Funktion von speziellen Schulen zu reflektieren« (Ellinger & Stein 2012, 102), stattdessen wird ihre pauschale Abschaffung gefordert. Eine Analyse der von Preuss-Lausitz (2011a, b) sowie von Klemm und Preuss-Lausitz (2011) gefertigten Gutachten zur schulischen Inklusion für die Bundesländer Brandenburg, Nordrhein-Westfahlen und Sachsen bestätigt diese Gesamteinschätzung.

Völlig abwegig ist die Vermutung nicht, dass hier eine fachliche Auseinandersetzung vermieden wird, weil sie ein zu hohes Konfliktpotenzial beinhaltet. Denn die Bedrohung, die von ihr ausgeht, ist erheblich. Sie besteht darin, dass sie System sprengende Kräfte offen legt, die bei nüchterner Betrachtung unübersehbar sind und dennoch nicht zur Kenntnis genommen werden sollen.

Das harmonische Innenbild der radikalen Inklusion korrespondiert, wie bereits gezeigt, mit dem Bild einer Außenwelt, das leicht bedrohliche Züge annimmt. Die überaus hohen Erwartungen, die an die Inklusion geknüpft werden, gehen nicht selten mit einer Entwertung und moralischen Diskreditierung derjenigen einher, die für Inklusionsskeptiker gehalten werden oder dies auch wirklich sind. Trennungen und institutionelle Differenzierungen stehen unter generalisiertem Verdacht, ein gegen behinderte Menschen gerichtetes Instrumentarium zu sein. Aussortieren, Aussondern und Selektieren sind zu Leitbegriffen erhoben worden, zu anstößigen Kategorien, die ihrerseits zu Differenzierungszwecken dienen. Als Scheidelinie zwischen denjenigen, die auf der richtigen und anderen, die auf der falschen Seite stehen.

Die Vorwürfe, die damit einhergehen, sind nicht unerheblich. Sie richten sich gegen einzelne Personen, mehr noch gegen vermeintlich rückwärtsgerichtete Kräfte, denen unterstellt wird, einer humanen und gerechten Gesellschaft im Wege zu stehen. Ein Mehr an Gemeinsamkeit von behinderten und nicht-behinderten Schülerinnen und Schülern soll demnach mit aller Macht und immer neuen Begründungen verhindert oder, wenn dies nicht mehr geht, auf ein Mindestmaß reduziert werden. Die alten Kräfte, die bereits der Integration im Weg standen, seien nunmehr erneut am Werk. Sie hielten an separierenden Einrichtungen fest und muteten Kindern damit Schädigendes zu. Es fehle ihnen schlichtweg am Willen und der Bereitschaft, Kinder mit Behinderung in die gesellschaftliche Mitte aufzunehmen, sie in ihrer Individualität anzuerkennen und wertzuschätzen (Wocken 2011a, b).

Die Ungerechtigkeit des deutschen Schulsystems sei einzigartig und kaum noch zu überbieten. Einer gerechten Lösung werde ein erheblicher Widerstand entgegen gesetzt: Sie stelle eine massive Bedrohung für diejenigen dar, die ihre Privilegien im alten System gesichert wissen. Das Ergebnis der Hamburger Volksbefragung zur sechsjährigen Grundschule wird deshalb von Feuser (2012, 493) als Ausdruck »brutal[er] schichtspezifische[r] Machtinteressen« verstanden. Mangelnde Zukunftsperspektiven von Jugendlichen ohne Schulabschluss und Ausbildungsplatz würden sorglos und fahrlässig hingenommen. Oder sogar, in noch schärferer Formulierung, gewollt produziert, um soziale Hierarchien unangetastet zu lassen (z. B. Reich 2008; Reitemeyer 2008; Wocken 2012).

Über jeden einzelnen der genannten Punkte lässt sich trefflich diskutieren. Ein mangelnder Wille zur Integration/Inklusion ist ganz sicher in unterschiedlichen Lebensfeldern anzutreffen, ein träges Haften am Althergebrachten gleichermaßen, daran sollte es keinen Zweifel geben. Auch kommt eine Ablehnung behinderter Kinder vor, die sich unter dem Schirm des guten Willens, hinter klugen Argumenten versteckt. Die soziale Selektivität des Schulsystems muss kritisch auf den Prüfstand gestellt werden, in allen ihren Elementen, im gegliederten wie im Gesamtschulsystem. Schüler ohne Abschluss bereiten zu Recht Sorge, ebenso wie der Umstand, dass nicht ausreichend Lehrstellen zur Verfügung stehen. Den Gründen dafür muss konsequent nachgegangen werden. Jeder dieser Punkte verweist auf eine ernst zu nehmende Problematik, die einer nüchternen Betrachtung bedarf.

Eine pauschalisierende, affektiv aufgeladene Vorwurfshaltung steht einer sachlichen Aufklärung im Weg. Eine realitätsgerechte Lösung kann sie nur schwerlich zulassen. Insbesondere dann, wenn sie sich an überhöhte Ideale klammert und etwas völlig Neuartiges erschaffen will – in dem Glauben, dass sich Altes und Bewährtes folgenlos überwinden lässt. Das meint Cohen (2004) mit der »goldenen Fantasie« und darin spiegelt sich etwas von »dem Traum [der Inklusion wider], die Zerrissenheit und Brüchigkeit unserer empirischen Welt zu überwinden« (Brodkorb 2012, 23). Vor diesem Hintergrund wird verständlich, warum das radikale Inklusionsbegehren von den »größten moralisch-politischen Ansprüche[n]« geleitet ist und »die höchsten pädagogischen Versprechen« abgibt (Tenorth 2011, 1). Um übersteigerte Ideale, die am Ende nur Enttäuschungen bringen, sollte es aber nicht gehen, wenn für Kinder mit Behinderung nach einem bestmöglichen Entwicklungsweg gesucht wird. Und ebenso wenig um einen Kampf zwischen »guten« und »schlechten« Menschen.

# 8

## Abschließende Überlegungen

Die vorstehenden Ausführungen beziehen sich primär auf die schulische Inklusion und das wünschenswerte Ziel, dass zukünftig mehr Gemeinsamkeit zwischen Kindern mit und ohne Behinderung gelingen möge. Die Schule stellt dabei nur einen Teilbereich eines großen Projektes dar, das unterschiedlichste Segmente der Gesellschaft umfasst und zu zahlreichen neuen Herausforderungen führt, die mit nicht unerheblichen Ungewissheiten verbunden sind.

Ein weitgehendes Verständnis von Inklusion geht davon aus, dass nach der Unterzeichnung der UN-Behindertenrechtskonvention ein grundlegender Wandel gesellschaftlicher Haltungen und Strukturen unumgänglich sei: Die »Architektur der Gesellschaft im Ganzen [müsse] auf den Prüfstand gestellt werden« (Bielefeldt 2010, 67). Das allerdings wirft die Frage auf, wie eine inklusive Gesellschaft eigentlich aussehen soll. Worin besteht ihr Neuigkeits-charakter, was beinhaltet sie an bisher nicht Bekanntem oder mög-lich Gewesenem? Die wenigen Ausführungen, die dazu vorliegen, zeigen kein auch nur annähernd befriedigendes Ergebnis. Offen-sichtlich fällt der Verweis auf eine Utopie leichter als eine Benen-nung dessen, was konkret geschehen soll und realistisch für mög-lich gehalten wird. Für gehaltvolle Veränderungen ist das keine gute Voraussetzung.

Den Schülerinnen und Schülern dürfte am meisten geholfen sein, wenn der Weg zu einer gemeinsamen Beschulung in einer modera-ten Form erfolgt – abseits der Vorstellung, schulische Reformen könnten die Gesellschaft in ihrem Kern verändern. Die pädagogi-schen Aufgaben, die gegenwärtig entstehen, sind auch so groß ge-nug. Es müssen Wege gefunden werden, die allen Schülern dienen: den Kindern mit Behinderung und ihren speziellen Förderbedürf-nissen ebenso wie denen ohne, den Leistungsstärkeren wie den Leistungsschwächeren, den sozial Privilegierten und den besonders Belasteten. Das ist wahrlich keine leichte Aufgabe. Sie wird noch an-spruchsvoller dadurch, dass die Leistungen, die die Schule erbrin-gen soll, stärker als bisher empirisch überprüft werden. Für einzelne Bundesländer stellen sich dabei sehr unterschiedliche, teilweise we-nig schmeichelhafte Ergebnisse ein. Lehrerinnen und Lehrer werden dadurch vor weitere Herausforderungen gestellt.

Das pädagogische Geschäft ist in den letzten Jahren und Jahr-zehnten schwieriger geworden. Den Lehrkräften, die unter dieser Bedingung arbeiten, gebührt im hohen Maße Respekt; insbesondere auch denjenigen, die sich auf den Weg zu einer gemeinsamen Be-schulung gemacht haben. Dabei stellen sich vielfach ermutigende Erfolge und zunehmende Erkenntnisse darüber ein, wie und unter welchen Bedingungen schulische Inklusion gelingen kann.

Langfristig ertragreiche Veränderungen werden sich aber nur dann einstellen, wenn sich die gemeinsame Beschulung den Para-doxien und Antinomien stellt, die untrennbar mit dem Erziehungs- und Bildungsgeschehen verbunden sind. Die Inklusion kann die der Schule immanenten Widersprüche ebenso wenig aufheben wie jedes andere schulische System. Bereits das Verhältnis von Inklusion und Exklusion erweist sich als viel komplexer als gemeinhin angenommen wird. Die Spannungsfelder, die sich um Anerkennung, Normalisierung und Vielfalt ranken sind ebenso beträchtlich wie diejenigen, die aus individuellen Differenzierungswünschen, dem Leistungsprinzip und der Allokationsfunktion der Schule resultieren. Mit der Bildungsgerechtigkeit ist ein weiteres vielschichtiges Thema aufgerufen, das sich, wie gezeigt wurde, einfachen Antworten verschließt.

Es kommt deshalb darauf an, dass Kompromisse geschlossen und Lösungen gefunden werden, die den Gegebenheiten vor Ort entsprechen, so dass der größtmögliche Nutzen entsteht und ein potentieller Schaden gering gehalten wird – fernab einer vielbeschworenen neuen Idealität. Die Grenzen des Möglichen müssen im Auge behalten werden. »Inklusion darf […] zu keiner ›Paradiesmetapher‹ werden: Das Steigerungspotenzial der ›Fähigkeit von pädagogischen Einrichtungen‹ ist nicht unbegrenzt« (Weiß 2013, 1 f.).

Die Unwägbarkeiten, vor denen wir zur Zeit stehen, liegen nicht in der richtigen Gesinnung und den guten pädagogischen Absichten, sondern in den Widrigkeiten der Praxis mit den empirischen Erfolgen, die sie verzeichnet oder die ihr verwehrt bleiben. Dort muss sich die Inklusionsidee bewähren. Für viele Kinder mit Behinderung dürfte eine gemeinsame Beschulung ertragreich sein, ganz sicher aber nicht für alle, wie in- und ausländische Erfahrungen belegen. Spezielle Institutionen und pädagogische Settings sind aus diesem Grund auch zukünftig unentbehrlich, wenngleich sie in einem geringeren Maße als bisher benötigt werden. Im Sinne der Systemgeschichte und der Systemlogik des Erziehungssystems stellt die Inklusion keinen Endpunkt der Geschichte dar. Sie ist eher »eine Episode einer never ending story« (Drepper 1998, 81). Es lässt sich daher nicht seriös vorhersagen, wie die Schule in zehn oder zwanzig Jahren aussehen wird. Auch das spricht dafür, dass Reformen vorsichtig und bedacht umgesetzt werden, Schritt für Schritt, mit ausreichender Überprüfung und der Möglichkeit, notwendige Korrekturen vorzunehmen.

Eine gemeinsame Beschulung erfordert erhebliche Kräfte und bedarf einer intensiven Unterstützung. Dazu gehört – als entscheidende Größe – eine ausreichende personelle und sächliche Ausstattung. Nach den bisherigen Erfahrungen spricht wenig dafür, dass eine kostenneutrale Lösung möglich ist. Insofern ist es nur zu berechtigt, wenn sich Lehrerinnen und Lehrer, Gewerkschaften und Berufsverbände für angemessene Arbeitsbedingungen einsetzen. Erst wenn dies sichergestellt ist, dürfte die Inklusion eine wirkliche Chance auf ein gutes Gelingen haben.

# Literatur

Adam, K. (2012): Wie Qualität gemanagt wird. Kennziffern, Zielvereinbarungen und Leistungsindikatoren. In: Merkur 66 (Jg.), H. 11, 1060–1066.

Ahrbeck, B. (2004): Kinder brauchen Erziehung. Die vergessene pädagogische Verantwortung. Kohlhammer: Stuttgart.

Ahrbeck, B. (2006): Das schwierige Kind: Innenwelt, äußere Realität, Verhaltensgestörtenpädagogik. In: Ahrbeck, B. & Rauh, B. (Hrsg.): Der Fall des schwierigen Kindes. Therapie, Diagnostik und schulische Förderung verhaltensgestörter Kinder und Jugendlicher. Weinheim: Beltz, 17–37.

Ahrbeck, B. (2009): Das hyperaktive Kind, die multimodale Therapie und die evidenzbasierte Medizin. In: Kinderanalyse 17 (Jg.), H. 4, 366–387.

Ahrbeck, B. (2010): Von allen guten Geistern verlassen? Aggressivität in der Adoleszenz. Gießen: Psychosozial.

Ahrbeck, B. (2012a): Auf dem richtigen Weg? Anmerkungen zu einer »Schweizer Langzeitstudie«. In: Sonderpädagogische Förderung heute 57 (Jg.), H. 2, 210–215.

Ahrbeck, B. (2012b): Der Umgang mit Behinderung. Stuttgart: Kohlhammer.

Ahrbeck, B. (2012c): Die Antwort. In: Sonderpädagogische Förderung heute 57 (Jg.), H. 3, 332–335.

Ahrbeck, (2013): Der Verlust der Differenz. In: Ahrbeck, B., Doerr, M., Göppel, R. & Gstach, J. (Hrsg.): Strukturwandel der Seele. Modernisierungsprozesse und pädagogische Antworten. In: Jahrbuch Psychoanalytische Pädagogik, Bd. 21, 41–66.

Ahrbeck, B. & Rauh, B. (Hrsg.) (2006): Der Fall des schwierigen Kindes. Therapie, Diagnostik und schulische Förderung verhaltensgestörter Kinder und Jugendlicher. Weinheim: Beltz.

Aichele, V. (2010): Behinderung und Menschenrechte. In: APuZ 60 (Jg.), H. 23, 13–18.

Allmendinger, J. (2012): Schulaufgaben. Wie wir das Bildungssystem verändern müssen, um unseren Kindern gerecht zu werden. Pantheon: München.

Aktion Grundgesetz (Hrsg.) (1997): Die Gesellschaft der Behinderer. Das Buch zur Aktion Grundgesetz. Reinbek: Rowohlt.

Anken, L. (2012): Inklusion – Kernfrage oder Kernschmelze des Fördersystems Lernen. In: Rauh, B., Laubenstein, D., Anken, L. & Auer, H.-L. (2012): Förderschwerpunkt Lernen – wohin? Oberhausen: Athena, 33–52.

Antoni, S. (2012): All inclusive: Der Kaisers neue Kleider. GEW Landesverband Baden-Württemberg (Hrsg.): Bildung und Wissenschaft 66 (Jg.), H. 10, 23.

Artelt, C., Baumert, J., Klieme, E., Neubrand, M., Prenzel, U., Schieferle, W., Schneider, W., Schümer, G., Stanat, P., Tillmann, K.-J. & Weiß, M. (Hrsg.) (2001): PISA 2000. Zusammenfassung zentraler Befunde. Berlin: Max-Planck-Institut für Bildungsforschung.

Autorengruppe Bildungsberichterstattung (2012): Bildung in Deutschland 2012. Ein indikatorengestützter Bericht mit einer Analyse zur kulturellen Bildung im Lebenslauf. Bielefeld: Bertelsmann.

Bank-Mikkelsen, N.-E. (1959): Normalisierungsprinzip. Dänisches Fürsorgegesetz.

Barow, Th. (2011): Vorbild oder Zerrbild? Außen- und Innenperspektive auf inklusive Bildung in Schweden. In: Inklusion-online, Nr. 4, 1–12.

Barow, Th. & Persson, B. (2011): Die Sonderpädagogik in der bildungspolitischen Debatte Schwedens. In: Sonderpädagogische Förderung heute 56 (Jg.), H. 1, 20–32.

Baumert, J. & Köller, O. (1998): Nationale und internationale Schulleistungsstudien. In: Pädagogik 50 (Jg.), H. 6, 12–18.

Baumert, J., Becker, M. Neumann, M. & Nikolova, R. (2009): Frühübergang in ein grundständiges Gymnasium – Übergang in ein privilegiertes Entwicklungsmilieu? In: Zeitschrift für Erziehungswissenschaft 12 (Jg.), H. 2, 189–215.

Baumert, J., Maaz, K., Gresch, C., McElvany, N., Anders, Y., Jonkmann, K., Neumann, M. & Watermann, R. (2010): Der Übergang von der Grundschule in die weiterführende Schule – Leistungsgerechtigkeit und regionale, soziale und ethnisch-kulturelle Disparitäten: Zusammenfassung zentraler Befunde. Bildungsministerium für Bildung und Forschung (BMBF): Bonn, Berlin, 5–21.

Beck, U. (1986): Risikogesellschaft. Auf dem Weg in eine andere Moderne. Frankfurt a. M.: Suhrkamp.

Becker, H. & Nedelmann, C. (1983): Von der Anwendbarkeit psychoanalytischer Theorien auf die Politik. In: Becker, H. & Nedelmann, C. (Hrsg.): Psychoanalyse und Politik. Frankfurt a. M.: Suhrkamp, 89–150.

Bellmann, J. & Müller, Th. (Hrsg.) (2011): Wissen was wirkt. Kritik evidenzbasierter Pädagogik. Wiesbaden: Verlag für Sozialwissenschaften.

Bericht mit Empfehlungen der Expertenkommission »Inklusive Bildung in M-V bis zum Jahr 2020« (2012): Zur Entwicklung eines inklusiven Bildungssystems in Mecklenburg-Vorpommern bis zum Jahr 2020. Schwerin: Ministerium für Bildung, Wissenschaft und Kultur.

Bertelsmann-Stiftung, Institut für Schulentwicklungsforschung der Technischen Universität Dortmund, Institut für Erziehungswissenschaft der Friedrich-Schiller-Universität Jena (Hrsg.) (2013): Chancenspiegel. Zur Chancen-gerechtigkeit und Leistungsfähigkeit der deutschen Schulsysteme mit einer Vertiefung zum schulischen Ganztag. Gütersloh: Bertelsmann.

Bielefeldt, H. (2010): Menschenrecht auf inklusive Bildung. Der Anspruch der UN-Behindertenrechtskonvention. In: VHN 79 (Jg.), H. 1, 66–69.

Bleher, W., Brombach, R., Lorek, J. & Knöller, A. (2013): All inclusive? Über-legungen zur integrativen/inklusiven Beschulung von ›Problemkindern‹. In: Sonderpädagogische Förderung heute 58 (Jg.), H. 1, 85–104.

Bleidick, U. (1999): Kann Integration von Grundschulkindern mit Behinderun-gen im Lernen, mit Sprachproblem und Verhaltensauffälligkeiten gelingen? In: Die neue Sonderschule 44 (Jg.), H. 2, 124–137.

Bollmann, R. & Kloepfer, I. (2013): Die neue Klassengesellschaft. Frankfurter Allgemeine Sonntagszeitung vom 2.6.2013, Nr. 22, 24.

Bolz, N. (2009): Diskurs über die Ungleichheit. München: Fink.

Bonfranchi, R. (2011): Die unreflektierte Integration von Kindern mit geistiger Behinderung verletzt ihre Würde. In: Teilhabe 50 (Jg.), H. 2, 90–91.

Bos, W., Lankes, E.M., Prenzel, M., Schwippert, K., Walther, G. & Valtin, R. (2003): Erste Ergebnisse aus IGLU. Schulleistungen am Ende der vierten Jahrgangsstufe im internationalen Vergleich. Münster: Waxmann.

Bos, W., Hornberg, S., Arnold, K.-H., Fried, L., Lankes, E.-M., Schwippert, K. & Valtin, R. (2007): IGLU 2006 – Lesekompetenzen von Grundschulkindern in Deutschland im internationalen Vergleich. Münster: Waxmann.

Bos, W., Bonsen, M., Baumert, J., Prenzel, M., Selter, C. & Walther, G. (2008): TIMSS 2007. Mathematische und naturwissenschaftliche Kompetenzen von Grundschulkindern in Deutschland im internationalen Vergleich. Münster: Waxmann.

Bos, W., Tarelli, I., Bremerich-Vos, A. & Schwippert, K. (2012): IGLU 2011: Le-sekompetenzen von Grundschulkindern in Deutschland im internationalen Vergleich. Münster: Waxmann.

Bösl, E. (2010): Die Geschichte der Behindertenpolitik in der Bundesrepublik. In: Aus Politik und Zeitgeschichte 23 (Jg.), 7. Juni 2010, 6–12.

Breen, R., Luijkx, R., Müller, W. & Pollak, R. (2009): Nonpersitent inequality in educational attainment: Evidence from eight European countries. American Journal of Sociology, 114, 1475–1521.

Brenner, P. (2010): Bildungsgerechtigkeit. Stuttgart: Kohlhammer.

Breyer, C., Fohrer, G., Goschler, W., Heger, M., Kießling, C. & Ratz, C. (Hrsg.) (2012): Sonderpädagogik und Inklusion. Oberhausen: Athena.

Brodkorb, M. (2012): Warum Inklusion unmöglich ist. Über schulische Para-doxien zwischen Liebe und Leistung. In: Brodkorb, M. & Koch, K. (Hrsg.):

Das Menschenbild der Inklusion. Erster Inklusionskongress M-V. Dokumentation. Schwerin: Ministerium für Bildung, Wissenschaft und Kultur, 13–34.

Brodkorb, M. (2014): Warum totale Inklusion unmöglich ist. Über schulische Paradoxien zwischen Liebe und Leistung. In: Sonderpädagogische Förderung heute 59 (Jg.), H. 2 (in Vorbereitung).

Browning, Ch. (1998): Ganz normale Männer. Das Reserve-Polizeibataillon 101 und die »Endlösung« in Polen. Rowohlt: Reinbek.

Bude, H. (2011): Bildungspanik – Was unsere Gesellschaft spaltet. München: Hanser.

Bude, H. (2013): Das prekäre Gut der Bildung. In: Merkur 67 (Jg.), H. 8, 745–752.

Bundesministerium für Arbeit und Soziales (2011): Unser Weg in eine inklusive Gesellschaft. Der Nationale Aktionsplan der Bundesregierung zur Umsetzung der UN-Behindertenrechtskonvention. Berlin.

Bürli, A. (2009): Integration/Inklusion aus internationaler Sicht – einer facettenreichen Thematik auf der Spur. In: Bürli, A., Strasser, U. & Stein, A.-D. (Hrsg): Integration/Inklusion aus internationaler Sicht. Bad Heilbrunn: Klinkhardt, 15–62.

Castel, R. (2008): Die Fallstricke des Exklusionsbegriffs. In: Bude, H. (Hrsg.): Exklusion. Debatte über die »Überflüssigen«. Frankfurt a. M.: Suhrkamp, 69–86.

Cohen, Y. (2004): Das mißhandelte Kind. Ein psychoanalytisches Konzept zur integrierten Behandlung von Kindern und Jugendlichen. Frankfurt a. M.: Brandes & Apsel.

Commission of the European Communities (2011): Progress towards the common European objectives in education and Training. Indicators and benchmarks 2010/2011. In: www.ec.europa.eu/education/lifelong-learning-policy/doc/report10/report_en.pdf, entnommen am 18.12.2013.

Dahrendorf, R. (1965): Bildung ist Bürgerrecht. Plädoyer für eine aktive Bildungspolitik. Osnabrück: Nannen.

Dahm, C. (2012): Inklusion – für alle sinnvoll? Erfahrungsbericht einer betroffenen Mutter. In: Katholische Erziehung 113 (Jg.), H. 7/8, 298–301.

Dangschat, J. S. (2008): Exclusion – The New American Way of Life? In: Bude, H. (Hrsg.): Exklusion. Debatte über die »Überflüssigen«. Frankfurt a. M.: Suhrkamp, 138–145.

Dammer, K.-H. (2011): All inclusive? Oder: Dabei sein ist alles? Ein Versuch, die Konjunktur des Inklusionsbegriffs in der Pädagogik zu verstehen. In: Pädagogische Korrespondenz 44 (Jg.), H. 43, 5–30.

Demmer, U. (2009): »Die unverdünnte Hölle«. In: Der Spiegel 63 (Jg.), H. 2, 26–29.

Deppe-Wolfinger, H. (2006): PISA und IGLU – Bildungspolitische Dimensionen aus der Sicht der Sonder- und Integrationspädagogik. In: Stechow, E. von; Hofmann, Ch. (Hrsg): Sonderpädagogik und Pisa. Kritisch-konstruktive Beiträge. Bad Heilbrunn: Klinkhardt, 35–52.

Dietze, T. (2011): Sonderpädagogische Förderung in Zahlen – Ergebnisse der Schulstatistik 2009/2010 mit dem Schwerpunkt auf der Analyse sozialer Disparitäten. In: Zeitschrift für Inklusion-online 6 (Jg.), H. 2, 1–14.

Dietze, T. (2012): Zum Stand der sonderpädagogischen Förderung in Deutschland – die Schulstatistik 2010/11. In: Zeitschrift für Heilpädagogik 63 (Jg.), H. 1, 26–31.

Ditton, H. (2010): Wie viel Ungleichheit durch Bildung verträgt eine Demokratie? In: Zeitschrift für Pädagogik 56 (Jg.), H. 1, 53–68.

Dlugosch, A. (2010): Haltung ist nicht alles, aber ohne Haltung ist alles nichts? Annäherung an das Konzept einer »inklusiven Haltung« im Kontext Schule. In: Gemeinsam leben 18 (Jg.), H. 4, 195–202.

Dollase, R. (2013): Wie wird die schönste pädagogische Vision Wirklichkeit? Grenzen und Möglichkeiten der Inklusion. In: SchulVerwaltung NRW 5, 150–153.

Dollmann, J. (2011): Verbindliche und unverbindliche Grundschulempfehlungen und soziale Ungleichheiten am ersten Bildungsübergang. In: Zeitschrift für Soziologie 63 (Jg.), H. 4, 595–621.

Dornes, M. (2010): Die Modernisierung der Seele. In: Psyche – Zeitschrift für Psychoanalyse 64 (Jg.), H. 11, 995–1033.

Dornes, M. (2012): Die Modernisierung der Seele. Kind – Familie – Gesellschaft. Frankfurt a. M.: Fischer.

Dreher, W. (2012): Winds of change – Inklusion wollen. In: Breyer, C., Fohrer, G., Goschler, W., Heger, M., Kießling, C. & Ratz, C. (Hrsg.) (2012): Sonderpädagogik und Inklusion. Oberhausen: Athena, 27–41.

Drepper, Th. (1998): »Unterschiede, die keine Unterschiede machen«. Inklusionsprobleme im Erziehungssystem und Reflexionsleistungen der Integrationspädagogik im Primarbereich. Soziale Systeme. In: Zeitschrift für soziologische Theorie 4 (Jg.), H. 1, 59–84.

Drepper, Th. & Tacke, V. (2010): Zur gesellschaftlichen Mitbestimmung und Fragen der Organisation »personenbezogener sozialer Dienstleistungen«. Eine systemtheoretische Sicht. In: Klatetzki, Th. (Hrsg): Soziale personenbezogene Dienstleistungsorganisationen. Soziologische Perspektiven. Wiesbaden: Verlag für Sozialwissenschaften, 241–283.

Dustmann, Ch., Puhani, P. A. & Schönberg, U. (2012): The Long-term Effects of School Quality on Labor Market Outcomes and Educational Attainment. In: CReAm, Diskussion Paper Series Nr. 8/12, 1–51. In: www.cream-migration.¬ org/publ_uploads/CDP_08_12.pdf, entnommen am 22.8.2013.

Eckhart, M., Haeberlin, U., Sahli Lozano, C. & Blanc, Ph. (2011): Langzeitwir-kungen der schulischen Integration. Eine empirische Studie zur Bedeutung von Integrationserfahrungen in der Schulzeit für die soziale und berufliche Situation im jungen Erwachsenenalter. Bern: Haupt.

Egle, U. T., Hoffmann, S. O. & Joraschky, P. (2004): Sexueller Mißbrauch, Miß-handlung, Vernachlässigung. Stuttgart: Schattauer.

Ehrenberg, A. (2008): Das erschöpfte Selbst. Depression und Gesellschaft in der Gegenwart. Frankfurt a. M.: Suhrkamp.

Ehrenberg, A. (2011): Das Unbehagen in der Gesellschaft. Frankfurt a. M.: Suhrkamp.

El-Mafaalani, A. (2013): Drang nach Veränderung. Erfolgreiche Bildungsauf-steiger. In: Forschung und Lehre, H. 2, 102–104.

Ellger-Rüttgardt, S. (2013): Internationale Behindertenpolitik und nationale Antworten. In: Sonderpädagogische Förderung heute 58·(Jg.), H. 3, 238–250.

Ellinger, St. & Stein, R. (2012): Effekte inklusiver Beschulung: Forschungsstand im Förderschwerpunkt emotionale und soziale Entwicklung. In: Empirische Sonderpädagogik 3 (Jg.), H. 22, 85–109.

Europarat, Ministerkommitee (2006): Empfehlung Rec (2006)5 des Minister-kommitees an die Mitgliedstaaten zum Aktionsplan des Europarats zur Förderung der Rechte und vollen Teilhabe behinderter Menschen an der Gesellschaft: Verbesserung der Lebensqualität behinderter Menschen in Europa 2006–2015. http://www.behindertenbeauftragter.de/SharedDocs/¬ Downloads/DE/AktionsplanEuroparat.pdf?_blob=publicationFile, entnom-men am 15.10.2013.

European Agency for Development in Special Needs Education (EADSNE) (2012). Special Needs Education. Country Data 2012. http://www.europe¬ an-agency.org/publications/ereports/sne-country-data-2012/sne-country-¬ data-2012.pdf, entnommen am 15.10.2013.

Exner, K. (2007): Kritik am Integrationsparadigma im »Behindertenbereich«. Von der Notwendigkeit soziologischer Theoriebildung. Bad Heilbrunn: Klinkhardt, 57.

Felder, F. (2012): Der Wert von Verschiedenheit und die Unvermeidbarkeit einer Theorie des guten Lebens. In: Zeitschrift für Heilpädagogik 63 (Jg.), H. 4, 148–153.

Felder, F. (2013): Die Sphären von Inklusion und ihre Bedeutungen für den schulischen Kontext. In: Sonderpädagogische Förderung heute 58 (Jg.), H. 2, 136–152.

Fend, H. (2008a): Schwerer Weg nach oben. Das Elternhaus entscheidet über den Bildungserfolg – unabhängig von der Schuldform. In: Die ZEIT vom 3.1.2008, Nr. 2. http://www.zeit.de/2008/02/C-Enttaeuschung; entnommen 27.8.2013,

Fend, H. (2008b): Theorie der neuen Schule. Wiesbaden: Verlag für Sozialwissenschaften.

Fend, H. (2009): Bildungsgerechtigkeit und außerschulische Disparitäten – Ergebnisse der LIFE-Studien. In: Deutscher Lehrerverband (Hrsg.): Bildungsgerechtigkeit. Fachtagung 2008. Dokumentation. Bonn, 54–63.

Fend, H., Berger, F. & Grob, U. (2009): Lebensverläufe, Lebensbewältigung, Lebensglück. Ergebnisse der LiFE-Studie. Wiesbaden: Verlag für Sozialwissenschaften.

Ferri, B. A. (2012): Undermining inclusion? A critical reading of response to intervention (RTI). In: International Journal of Inclusive Education. Volume 16, Issue 8, August 2012, 863–880.

Feuser, G. (1990): Vorwort zu: Batton, J. & Gundlach, S.: Katharina und Tim. Zwei behinderte Kinder. Der Kampf um ihre schulische Integration und die Folgen. Schwelm: Skript-Verlag, 1–4.

Feuser, G. (1996) »Geistigbehinderte gibt es nicht«. In: Geistige Behinderung 35 (Jg.), H. 1, 18–25.

Feuser, G. (2002): Integration – eine conditio seine qua non im Sinne kultureller Notwendigkeit und ethischer Verpflichtung. In: Greving, H. & Gröschke, D. (Hrsg.): Das Sisyphos-Prinzip. Gesellschaftsanalytische und gesellschaftskritische Dimensionen der Heilpädagogik. Bad Heilbrunn: Klinkhardt, 221–236.

Feuser, G. (2012): Eine Zukunftsfähige »Inklusive Bildung« – keine Sache der Beliebigkeit, nicht nur in Bremen. In: Zeitschrift für Heilpädagogik 63 (Jg.), H. 12, 492–502.

Fleischhauer, J. (2010): Unter Linken. Reinbek: Rowohlt.

Frau, C. (2009): Wir haben uns für die Förderschule entschieden. In: Lernen Fördern 30 (Jg.), H. 3, 20–23.

Freud, S. (1924): Kurzer Abriss der Psychoanalyse In: Gesammelte Werke XIII, 401–427.

Freyberg, Th. von (2009): Tantalos und Sisyphos in der Schule. Zur strukturellen Verantwortung der Pädagogik. Frankfurt a. M.: Brandes & Apsel.

Freyberg, Th. von & Wolf, A. (2005/2006): Störer und Gestörte. 2 Bd. Frankfurt a. M.: Brandes & Apsel.

Freymann, Th. von (2002): Zur Binnenstruktur des finnischen Schulwesens. In: Freiheit der Wissenschaft 29 (Jg.) H. 2, http://www.finland.de/dfgnrw/doku/¬ strukturfinnschulwesen.pdf, entnommen am 23.04.2012.

Fröhlich, A. (2012): Diversity Management – ein übertragbarer Ansatz? In: Breyer, C., Fohrer, G., Goschler, W., Heger, M., Kießling, C. & Ratz, C. (Hrsg.) (2012): Sonderpädagogik und Inklusion. Oberhausen: Athena, 75–82.

Frühauf, Th. (2010): Von der Integration zur Inklusion – ein Überblick. In: Hinz, A., Körner, I., Niehoff, U. (Hrsg): Von der Integration zur Inklusion. Grundlagen, Perspektiven, Praxis. Marburg: Lebenshilfe-Verlag, 11–32.

Füller, Ch. (2012a): Alarmierende Studie: Deutschland, Land der Schulabsteiger. Spiegel-Online vom 12. März 2012. In: www.spiegel.de/schulspiegel/wissen/¬ alarmierende-Studie-deutschland-land-der-schulabsteiger-a-820475-¬ druck.html, entnommen am 18.12.2013.

Füller, Ch. (2012b): Unerträglich ungerecht. In: der freitag politik vom 16. Februar 2012.

Geyer, Ch. (2011): Keine Schule für alle. In: Frankfurter Allgemeine Zeitung vom 3.8.2011.

Giese, M. (2011): Der Inklusionsdiskurs in der Heil- und Sonderpädagogik. Ein anthropologisches Niemandsland. In: Zeitschrift für Heilpädagogik 62 (Jg.). H. 6, 218–221.

Giesinger, J. (2007): Was heißt Bildungsgerechtigkeit? In: Zeitschrift für Pädagogik 53 (Jg.), H. 3, 362–381.

Goetze, H. (1990): Verhaltensgestörte in Integrationsklassen – Fiktionen und Fakten. In: Zeitschrift für Heilpädagogik 41 (Jg.), H. 12, 832–840.

Gröschke, D. (2002): »Normalisierung«: Projekt, Konzept, Prinzip oder Problem? In: Greving, H. & Gröschke, D. (Hrsg.): Das Sisyphos-Prinzip. Gesellschaftsanalytische und gesellschaftskritische Dimensionen der Heilpädagogik. Bad Heilbrunn: Klinkhardt, 175–202.

Haeberlin, U. (2007): Aufbruch vom Schein zum Sein. In: VHN 76 (Jg.), H. 3, 253–255.

Haeberlin, U. (2011): Behinderte integrieren – alles klar? In: VHN 80 (Jg.), H. 4, 278–283.

Haeberlin, U. (2012a): »Inklusion« – wundersames Heilmittel gegen Aussonderung? – Überlegungen zu den Folgen kurzschlüssiger Integrationsreformitis. In: Sonderpädagogische Förderung heute 57 (Jg.), H. 2, 183–189.

Haeberlin, U. (2012b): Ja, auf dem richtigen Weg! Missglückter Rettungsversuch der Sonderschule für Lernbehinderte. In: Sonderpädagogische Förderung heute 57 (Jg.), H. 3, 326–331.

Haeberlin, U., Jenny-Fuchs, E. & Moser Opitz, E. (1992): Zusammenarbeit. Wie Lehrpersonen Kooperation zwischen Regel- und Sonderpädagogik in integrativen Kindergärten und Schulklassen erfahren. Bern: Haupt.

Haesler, L. (2000): Das ödipale Dreieck – Lebensgeschichtliches Ereignis oder psychische Struktur? In: Ahrbeck, B. & Körner, J. (Hrsg.): Der vergessene Dritte Ödipale Konflikte in Erziehung und Therapie. Neuwied: Luchterhand, 25–49.

Häußler, M. (2012): »… wie hast du's mit der Inklusion?« Der Umgang mit Widersprüchen und Gewissheiten als Herausforderung an die Professionalität von Geistigbehindertenpädagogen. In: Breyer, C., Fohrer, G., Goschler, W., Heger, M., Kießling, C. & Ratz, C. (Hrsg.) (2012): Sonderpädagogik und Inklusion. Oberhausen: Athena, 175–187.

Hamburger Schulstatistik. Schuljahr 2012/13 (Hrsg.: Freie und Hansestadt Hamburg). www.hamburg.de/Schulstatistiken, entnommen am 26.8.2013

Hartke, B., Blumenthal, Y., Diehl, K., Mahlau, K., Sikora, S. & Voß, St. (2013): Das Rügener Inklusionsmodell: Präventive und Integrative Schule auf Rügen. Ein Zwischenbericht nach zwei Schuljahren. In: Brodkorb, M. & Koch, K. (Hrsg.): Inklusion – Ende des gegliederten Schulsystems? Schwerin: Ministerium für Bildung, Wissenschaft und Kultur Mecklenburg-Vorpommern, 107–123.

Hartmann, M. (2013): Eine echte Erfolgsgeschichte? Soziale Mobilität in Deutschland. Forschung und Lehre 20 (Jg.), H. 2, 96–98.

Hattie, J. (2013): Lernen sichtbar machen. Baltmannsweiler: Schneider.

Helbig, M. & Nikolai, R. (2008): Wenn Zahlen lügen: Vom ungerechtesten zum gerechtesten Bildungssystem in fünf Jahren. In: WZBrief Bildung, Wissenschaftszentrum Berlin für Sozialforschung, Nr. 3; urn:nbn:de:101:1–2008112503, http/hdl.handle.net/10419/60039, 1–5, entnommen am 13.7.2013.

Heller, K. (2012): Begabungsförderung und Schulleistung. In: Katholische Bildung (Teile I-III) 113 (Jg.), H. 5, 217–223; H. 6, 265–272; H. 7/8, 302–310.

Herz, B. (2011): Anpassungspädagogik. In: hlz – Zeitschrift der GEW Hamburg, H. 12, 32–33.

Hillenbrand, C. (2013): Inklusive Bildung in der Schule: Probleme und Perspektiven für die Bildungsberichterstattung. In: Zeitschrift für Heilpädagogik 64 (Jg.), H. 9, 359–369.

Hinz, A. (2009): Inklusive Pädagogik in der Schule – veränderter Orientierungsrahmen für die schulische Sonderpädagogik!? Oder doch deren Ende? In: Zeitschrift für Heilpädagogik 60 (Jg.), H. 5, 171–179.

Hinz, A. (2010): Inklusion – historische Entwicklungslinien und internationale Kontexte. In: Hinz, A., Körner, I. & Niehoff, U. (Hrsg): Von der Integration zur Inklusion. Grundlagen, Perspektiven, Praxis. Marburg: Lebenshilfe-Verlag, 33–52.

Hinz, A. (2011): Unbelegte Behauptungen und uralte Klischees – oder: Krisensymptome in der Heilpädagogik. In: Teilhabe 50 (Jg.), H. 3, 119–122.

Hinz, A. (2013): Inklusion – von der Unkenntnis zur Unerkenntlichkeit!? – Kritische Anmerkungen zu einem Jahrzehnt Diskurs über schulische Inklusion in Deutschland. In: Zeitschrift für Inklusion-online 8 (Jg.), H. 1, 1–17.

Honneth, A. (1994): Kampf um Anerkennung. Zur moralischen Grammatik sozialer Konflikte. Frankfurt a. M.: Suhrkamp.

Huber, Ch. & Grosche, M. (2012): Das response-to-intervention-Modell als Grundlage für einen inklusiven Paradigmenwechsel in der Sonderpädagogik. In: Zeitschrift für Heilpädagogik 63 (Jg.), H. 8, 312–322.

Hyland, A. (2011): Entry to Higher Education in Ireland in the 21st Century. https://www.9thlevel.ie/wp-content/uploads/hyland.pdf, entnommen am 16.12.2013.

Ianes, D. (2009): Die besondere Normalität. Inklusion von SchülerInnen mit Behinderung. München: Reinhart.

Jantzen, W. (2012): Behindertenpädagogik in Zeiten der Heiligen Inklusion. In: Behindertenpädagogik 51 (Jg.), H. 1, 35–53.

Jennessen, S. & Wagner, M. (2012): Alles so schön bunt hier!? Grundlegendes und Spezifisches zur Inklusion aus sonderpädagogischer Perspektive. In: Zeitschrift für Heilpädagogik 63 (Jg.), H. 8, 335–344.

Joffe, J. (2012): EM-Boykott? Fußballer sind keine Außenpolitiker. In: Die ZEIT vom 3.12.2012, Nr. 19, 10.

Katzenbach, D. (2012): Die innere Seite von Inklusion und Exklusion. In: Heilmann, J., Krebs, H. & Eggert-Schmid Noerr, A. (Hrsg.): Außenseiter integrieren. Perspektiven auf gesellschaftliche, institutionelle und individuelle Ausgrenzung. Gießen: Psychosozial-Verlag, 81–111.

Kastner, P. (2010). Geschichte(n) verstehen oder systemisch denken. Veränderte Wahrnehmungen in der Sozialpädagogik. In: Ahrbeck, B., Eggert-Schmid Noerr, A., Finger-Trescher, U. & Gstach, J. (Hrsg.): Psychoanalyse und Systemtheorie in Jugendhilfe und Pädagogik. Gießen: Psychosozial, 13–26.

Kaube, J. (2011): Soziologiekolumne. Bildung, Schule. In: Merkur 65 (Jg.), H. 11, 1054–1058.

Kernberg, O. G. (2001): Psychoanalyatische Beiträge zur Verhinderung gesellschaftlich sanktionierter Gewalt. In: Psyche 55 (Jg.), H. 9–10, 1086–1109.

Kerstan, T. (2012): Ist die Schule gerecht? Schwachen Schülern ist am besten geholfen, wenn wir akzeptieren, dass nicht alle gleich sind. In: Die ZEIT vom 28.6.2012, Nr. 27, 67.

Klemm, K. & Preuss-Lausitz, U. (2008): Gutachten zum Stand und zu den Perspektiven der sonderpädagogischen Förderung in den Schulen der Stadtgemeinde Bremen. Essen/Berlin.

Klemm, K. & Preuss-Lausitz, U. (2011): Auf dem Weg zur schulischen Inklusion in Nordrhein-Westfalen. Empfehlungen zur Umsetzung der UN-Behindertenrechtskonvention im Bereich der allgemeinen Schulen. http://www.¬dgfe.de/fileadmin/OrdnerRedakteure/Sektionen/Sek06_SondPaed/¬Studie_Klemm_Preuss-Lausitz_NRW_Inklusionskonzept_2011.pdf, entnommen am 12.12.2013.

Klieme, E., Artelt, C. & Hartig, J., Jude, N. Köller, O., Prenzel, M. Schneider, W. & Stant, P. (Hrsg.) (2010): PISA 2009. Bilanz nach einem Jahrzehnt. Münster: Waxmann.

Kobi, E. (2008): Alternative Integration als integrierte Alternative? In: Heilpädagogik – online 7 (Jg.), 2, 13–28.

Koch, K. (2012): Die Geister, die wir riefen. Von der Arbeit der Expertenkommission »Inklusive Bildung in Mecklenburg-Vorpommern bis zum Jahre 2020«. In: Brodkorb, M. & Koch, K. (Hrsg.): Das Menschenbild der Inklusion. Erster Inklusionskongress M-V. Dokumentation. Schwerin: Ministerium für Bildung, Wissenschaft und Kultur, 37–43.

Köller, O. (2008): Gesamtschule – Erweiterung statt Alternative. In: Cortina, K. S., Baumert, J., Leschinsky, A., Mayer, K. U. & Trommer, L. (Hrsg): Das Bildungswesen in der Bundesrepublik Deutschland. Strukturen und Entwicklungen im Überblick. Reinbek: Rowohlt, 437–466.

Köller, O. & Baumert, J. (2008): Entwicklung schulischer Leistungen. In: Oerter, R. & Montada, L. (Hrsg): Entwicklungspsychologie. Weinheim: Beltz PVU, 735–768.

Körner, J. & Müller, B. (2010): Schuldbewusstsein und reale Schuld. Gießen: Psychosozial.

Kowitz, D. (2013): Clemens flippt aus. In: Die ZEIT vom 5.9.2013, Nr. 37, 15–17.

Kraus, J. (2011): Bildung geht nur mit Anstrengung. Hamburg: Classicus.

Kronauer, M. (2010): Inklusion – Exklusion. Eine historische und begriffliche Annäherung an die soziale Frage in der Gegenwart. In: Kronauer, M. (Hrsg): Inklusion und Weiterbildung. Reflexion zur gesellschaftlichen Teilhabe in der Gegenwart. Bielefeld: Bertelsmann, 24–58.

Kuhlmann, A. (2011): An den Grenzen unserer Lebensform. Texte zur Bioethik und Anthropologie. Frankfurt a. M.: Campus.

Kultusministerkonferenz (KMK) (1994): Empfehlungen zur sonderpädagogischen Förderung in den Schulen der Bundesrepublik Deutschland. Bonn Beschluss der KMK vom 6.5.1994.

Kultusministerkonferenz (KMK) (2012): Pressemitteilung vom 11. Dezember 2012. In: http://www.kmk.org/presse-und-aktuelles/meldung/deutschla¬nds-grundschuelerinnen-und-grundschueler-im-lesen-in-mathematik-¬und-in-den-naturwissenscha.html, entnommen am 18.12.2013.

Lachmann, G. (2012): Lufthoheit über Kinderbetten. In: Die Welt vom 10.11.2012.

Lehmann, R. (2011): Expertise zur Frage der Vier- oder Sechsjährigkeit der Grundschule. In: Konrad-Adenauer-Stiftung (Hrsg): Bildungsrepublik Deutschland. Sankt Augustin/Berlin: KAS, 91–115.

Lehmann, R. & Hoffmann, E. (2009): BELLA. Berliner Erhebung arbeitsrelevanter Basiskompetenzen von Schülerinnen und Schülern mit Förderbedarf »Lernen«. Münster: Waxmann.

Lehmann, R. & Lenkeit, J. (2008): ELEMENT. Erhebung zum Lese- und Mathematikverständnis. Entwicklungen der Jahrgangsstufen 4 bis 6 in Berlin. Abschlussbericht über die Untersuchungen 2003, 2004 und 2005 an Berliner Grundschulen und grundständigen Gymnasien. Berlin: Senatsverwaltung für Bildung, Jugend, Sport.

Lindmeier, Ch. (2009): Sonderpädagogische Lehrerbildung für ein inklusives Schulsystem? In: Zeitschrift für Heilpädagogik 60 (Jg.), H. 10, 416–427.

Lohrenscheit, C. (2007): Mein Recht zu lernen, darf mir niemand nehmen! In: Heimbach-Steins, M., Kruip, G. & Kunze, A. B. (Hrsg): Das Menschenrecht auf Bildung und seine Umsetzung in Deutschland. Bielefeld: Bertelsmann, 15–20.

Lüpke, K. von (2010): Inklusion: eine Frage der Kultur. Thesen zur Inklusionsdebatte in der Behindertenhilfe. In: Wittig-Koppe, H., Bremer, F. & Hansen, H. (Hrsg.): Teilhabe in Zeiten verschärfter Ausgrenzung? Neumünster: Paranus, 38–46.

Maaz, K., Baumert, J. & Trautwein, U. (2010): Genese sozialer Ungleichheit im institutionellen Kontext der Schule: Wo entsteht und vergrößert sich soziale Ungleichheit? In: Bildungsministerium für Bildung und Forschung (BMBF): Der Übergang von der Grundschule in die weiterführende Schule. Leistungsgerechtigkeit und regionale, soziale und ethnisch-kulturelle Disparitäten. Bonn/Berlin, 27–63.

Maurer, M. (2013): Ich Arbeiterkind. In: Die ZEIT vom 24.1.2013, Nr. 5, 11.

Meister, U. (2007): Heterogenität – ein weiter Begriff für vielfältige Ansichten? In: Katzenbach, D. (Hrsg): Vielfalt braucht Struktur. Heterogenität als Herausforderung für Unterrichts- und Schulentwicklung. Frankfurt a. M.: Goethe-Universität, 15–32.

Miller, A. (1979): Das Drama des begabten Kindes und die Suche nach dem wahren Selbst. Frankfurt a. M.: Suhrkamp.

Mönch, R. (2011): Unschöne neue Bildungswelt. In: Frankfurter Allgemeine Zeitung vom 26.6.2011.

Müller, Th. (2013): Schulen zur Erziehungshilfe – inklusive Schulen? In: VHN 82 (Jg.), H. 1, 35–45.

Muñoz, V. (2007): Das Recht auf Bildung in Deutschland. Die Umsetzung der internationalen Verpflichtungen. In: Heimbach-Steins, M., Kruip, G. & Kunze, A. B. (Hrsg): Das Menschenrecht auf Bildung und seine Umsetzung in Deutschland. Bielefeld: Bertelsmann, 69–96.

Muñoz V. (2012): Das Meer im Nebel. Bildung auf dem Weg zu den Menschenrechten. Opladen: Budrich.

Nassehi, A. (2008): Exklusion als soziologischer oder sozialpolitischer Begriff? In: Bude, H. (Hrsg.): Exklusion. Debatte über die »Überflüssigen«. Frankfurt a. M.: Suhrkamp, 121–130.

OECD (2011): Education at a glance: OECD Indicators. 308–317. In: http://¬www.oecd.org/education/school/educationataglance2011oecdindicators.¬htm, entnommen am 5.1.2014.

Picht, G. (1965): Die deutsche Bildungskatastrophe dtv: München.

PISA-Konsortium Deutschland (Hrsg.) (2004): PISA 2003. Der Bildungsstand der Jugendlichen in Deutschland – Ergebnisse des 2. internationalen Vergleichs. Münster: Waxmann.

Platte, A. (2005): »Schulische Lebens- und Lernwelten gestalten – Didaktische Fundierung inklusiver Bildungsprozesse«. Münster: Monsenstein & Vannerdat.

Prengel, A. (2006): Pädagogik der Vielfalt. Verlag für Sozialwissenschaften: Wiesbaden.

Prengel, A. (2013): Inklusive Bildung in der Primarstufe. Eine wissenschaftliche Expertise des Grundschulverbandes. Frankfurt a. M.: Grundschulverband.

Prenzl, M., Sälzer, Ch., Klieme, E. & Köller, O. (2013): PISA 2012: Fortschritte und Herausforderungen in Deutschland. Münster: Waxmann.

Preuss-Lausitz, U. (2011a): Brandenburg auf dem Weg zur inklusiven Schulentwicklung bis 2020. Analyse und Empfehlungen zur Umsetzung. http://www.¬laenger-gemeinsam-lernen.de/fileadmin/lgl/Download/Laender/BB_Gut¬achten_von_Ulf_Preuss-Lausitz.pdf, entnommen am 12.12.2013.

Preuss-Lausitz, U. (2011b): Gutachten zum Stand und zu den Perspektiven inklusiver sonderpädagogischer Förderung in Sachsen. http://civ-mittel¬deutschland,.de/cms/upload/Aktuelles_und_Termine/Inklusionsgutach¬ten_Sachsen_Endfassung.pdf, entnommen am 12.12.2013.

Preuss-Lausitz, U. (2013): Muss eine inklusive »Schule für alle« die Auflösung des gegliederten Schulsystems zur Folge haben? Zu Anforderungen an die Zukunftsfähigkeit unserer Schulen. In: Brodkorb, M. & Koch, K. (Hrsg.): Inklusion – Ende des gegliederten Schulsystems? Schwerin: Ministerium für Bildung, Wissenschaft, Kultur Mecklenburg-Vorpommern, 19–47.

Rauh, B., Laubenstein, D. & Auer, H.-L. (2012): Für welches Ziel und zu welchem Zweck braucht man heute noch einen Förderschwerpunkt Lernen. In:

Rauh, B., Laubenstein, D., Anken, L. & Auer, H.-L. (Hrsg): Förderschwerpunkt Lernen – wohin? Oberhausen: Athena, 13–31.

Rauh, B., Laubenstein, D., Anken, L. & Auer, H.-L. (2012): Förderschwerpunkt Lernen – wohin? Oberhausen: Athena.

Reich, K. (2008): Demokratie und Didaktik – oder warum Schulentwicklung und Inklusion nicht beliebig sein können. In: Ziemen, K. (Hrsg): Reflexive Didaktik. Oberhausen: Athena, 35–54.

Reiche, R. (1990): Geschlechterspannung. Frankfurt a. M.: Fischer.

Reichenbach, R. (2000): Die Zumutung des Erziehens und die Scham des Erziehenden. In: Bucher, A. A., Donnenberg, R. & Seitz, R. (Hrsg): Was kommt auf uns zu? Erziehung zwischen Sorge und Zuversicht. Wien: Öbv/hpt, 104–119.

Reiser, H. (2002): Der Beitrag der Sonderpädagogik zu einer Schule für alle Kinder. Behindertenpädagogik 41 (Jg.), H. 4, 402–417.

Reitemeyer, U. (2008): Bildungsgerechtigkeit. egora.uni-muenster.de/ew/personen/.../Bildungsgerechtigkeit-Vorlesung.pdf, entnommen am 8.2.2013.

Rittmeyer, Ch. (2012): Zum Stellenwert der Sonderpädagogik und zukünftigen Aufgaben von Sonderpädagoginnen in inklusiven Settings nach Forderungen der UN-Konvention. In: Breyer, C., Fohrer, G., Goschler, W., Heger, M., Kießling, C. & Ratz, C. (Hrsg.) (2012): Sonderpädagogik und Inklusion. Oberhausen: Athena, 43–58.

Ross, T., Pfäfflin, F. & Fontao, M. I. (2009). Persönlichkeitsstörungen im Straf- und Maßregelvollzug: Ausgewählte Ergebnisse der Grundlagen- und Behandlungsforschung. In: Schweizer Zeitschrift für Psychiatrie und Neurologie 9, 9–14.

Saloviita, T. (2009): Inclusive Education in Finland: A thwarted development. Zeitschrift für Inklusion, Nr. 1, 1–7. http://www.inklusion-online.net/index.php/inklusion/rt/.../, entnommen am 11.6.2013.

Sander, A. (1994): Wohnortnahe Integration – Grundzüge, Probleme, Erfahrungen. In: Heyer, P., Korfmacher, E., Podlesch, W., Preuss-Lausitz, U. & Sebold, L. (Hrsg.): Zehn Jahre wohnortnahe Integration. Behinderte und nichtbehinderte Kinder gemeinsam an ihrer Grundschule. Frankfurt a. M.: Arbeitskreis Grundschule – Der Grundschulverband e. V, 10–14.

Sander, A. (2005): Bildungsstandards und Bildungsbarrieren: Thesen aus Perspektive einer inklusiven Pädagogik. In: Geiling, U. & Hinz, A. (Hrsg.): Integrationspädagogik im Diskurs. Auf dem Weg zu einer inklusiven Pädagogik? Bad Heilbrunn: Klinkhardt, 110–113.

Savater, F. (1998): Darum Erziehung. Was wir Kindern geben können. Frankfurt a. M.: Campus.

Schöler, J. (2009): Alle sind verschieden. Auf dem Weg zur Inklusion in der Schule. Weinheim: Beltz.

Schumann, B. (2007): »Ich schäme mich ja so!« Die Sonderschule für Lernbehinderte als »Schonraumfalle«. Bad Heilbrunn: Klinkhardt.

Schumann, B. (2009): Inklusion statt Integration – eine Verpflichtung zum Systemwechsel. Deutsche Schulverhältnisse auf dem Prüfstand des Völkerrechts. In: Sonderdruck Pädagogik 61 (Jg.), H. 2, 51–53.

Schumann, B. (2010): Inklusive Bildung in den nordischen Ländern im Kontext gesellschaftlicher Entwicklung. In: Zeitschrift für Inklusion 5 (Jg.), H. 2, 1–8.

Schumann, B. (2013): Inklusive Bildung braucht inklusive Diagnostik. In: http://¬bildungsklick.de/a/88459/inklusive-bildung-braucht-inklusive-diagnostik/, entnommen am 4.1.2014.

Seitz, S., Finnern, N.-K., Korff; N. & Scheidt, K. (Hrsg.) (2012): Inklusiv gleich gerecht? Inklusion und Bildungsgerechtigkeit. Bad Heilbrunn: Klinkhardt.

Siems, D. (2012): Die schönen Seiten der Integration. In: Welt am Sonntag vom 24.6.2012, Nr. 26, 4.

Speck, O. (2010): Schulische Inklusion aus heilpädagogischer Sicht. Rhetorik und Realität. München: Reinhardt.

Speck, O. (2011): Wage es nach wie vor, dich deines Verstandes zu bedienen! Ideologische Implikationen einer Schule für alle. In: Zeitschrift für Heilpädagogik 61 (Jg.), H. 3, 84–91.

Stanat, P., Pant, H. A., Böhme, K. & Richter, D. (2012): Kompetenzen von Schülerinnen und Schülern am Ende der vierten Jahrgangsstufe in den Fächern Deutsch und Mathematik. Ergebnisse des IQB-Ländervergleichs 2011. Münster: Waxmann.

Statistisches Bundesamt (2011): Eigliederungshilfe für behinderte Menschen: Zahl der Empfänger 2010 um 6,2% gestiegen. Pressemitteilung Nr. 483 vom 22.12.2011. In: https://www.destatis.de/DE/PresseService/Presse/Pressmit¬teilungen/2011/12/PD11_483_221.html, entnommen am 5.1.2014.

Stechow, E. von (2005): Sonderpädagogischer Förderbedarf und sonderpädagogische Wissensbestände in der Integrationspädagogik. In: Geilung, U. & Hinz, A. (Hrsg.): Integrationspädagogik im Diskurs. Auf dem Weg zu einer inklusiven Pädagogik? Bad Heilbrunn: Klinkhardt, 78–86.

Stein, R. (2012): Unlösbar oder gar kein Problem …? Die inklusive Beschulung verhaltensauffälliger Kinder und Jugendlicher. In: Breyer, C., Fohrer, G., Goschler, W., Heger, M., Kießling, C. & Ratz, C. (Hrsg.) (2012): Sonderpädagogik und Inklusion. Oberhausen: Athena, 189–198.

Stichweh, R. (2009): Leitgesichtspunkte einer Soziologie der Inklusion oder Exklusion. In: Stichweh, R. & Windolf, P. (Hrsg.): Inklusion und Exklusion:

Analysen zur Sozialstruktur und sozialen Ungleichheit. Wiesbaden: Verlag für Sozialwissenschaft, 29–42.

Stichweh, R. (2013): Inklusion und Exklusion in der Weltgesellschaft – am Beispiel der Schule und des Erziehungssystems. Zeitschrift für Inklusion-online 8 (Jg.), H. 1, 1–9.

Stinkes, U. (2012):»Es ist normal, verschieden zu sein«. In: Lehren & lernen 38 (Jg.), H. 12, 17–21.

Stinkes, U. (2013a): Eine Aufforderung zum Denken in Widersprüchen. In: In: Brodkorb, M. & Koch, K. (Hrsg.): Inklusion – Ende des gegliederten Schulsystems? Schwerin: Ministerium für Bildung, Wissenschaft, Kultur Mecklenburg-Vorpommern, 88–103.

Stinkes, U. (2013b):»Was wir sind, sind wir niemals ganz und gar ...« – Sichtweisen der Beziehung zum anderen Menschen. In: Sonderpädagogische Förderung heute 58 (Jg.), H. 2, 121–135.

Stöppler, Th. (2010): Ja zur Vielfalt (sonder-)pädagogischer Angebote. Aus Politik und Zeitgeschichte. In: Beilage zur Wochenzeitung Das Parlament vom 7. Juni 2010, Nr. 23, 19–24.

Taffertshofer, B. (2010): Hauptschüler – Verlierer von Geburt an. In: Süddeutsche Zeitung vom 17.5.2010.

Tenorth, H.-E. (2010a): Comics statt Goethe. In: Die ZEIT vom 17.6.2010, Nr. 25, 67.

Tenorth, H.-E. (2010b): Geschichte der Erziehung. Einführung in die Grundzüge ihrer neuzeitlichen Entwicklung. Weinheim: Juventa.

Tenorth, H.-E. (2011): Inklusion im Spannungsfeld von Universalisierung und Individualisierung – Bemerkungen zu einem pädagogischen Dilemma. www.¬ schulentwicklung.bayern.de/.../Tenorth-Inklusion-Wuerzburg-2011.¬ pdf, entnommen am 30.12.2011.

Tenorth, H.-E. (2012):»Wir haben klügere Schüler«. Ein Gespräch mit dem Bildungshistoriker Heinz-Elmar Tenorth über das Erfolgsgeheimnis des Gymnasiums. In: Die ZEIT vom 16.2.2012, Nr. 8, 83.

Tenorth, H.-E. (2013): Viele Befunde, aber kein Handlungswissen. In: Frankfurter Allgemeine Zeitung vom 1.3.2013, Nr. 51, 8.

Tillmann, K.-J. (2013): Die Verlängerung der Grundschulzeit. Ein Instrument zum Abbau sozialer Auslese? In: Jürgens, S. & Miller, S. (Hrsg): Ungleichheit in der Gesellschaft und Ungleichheit in der Schule. Weinheim: Juventa, 131–152.

Übereinkommen über die Rechte von Menschen mit Behinderung (2008); Bundesgesetzblatt Jahrgang 2008,Teil II Nr. 35 ausgegeben zu Bonn am 31. Dezember 2008.

Wansing, G. (2009): Ist Inklusion eine geeignete Zielperspektive für die Heil- und Sonderpädagogik? Diskussionsimpulse aus der Systemtheorie. In: Bürli,

A., Strasser, U. & Stein, A.-D. (Hrsg): Integration/Inklusion aus internationaler Sicht. Bad Heilbrunn: Klinkhardt, 65–73.

Warnke, A. & Taurines, R. (2012): Inklusion – Was kann die Kinder und Jugendpsychiatrie dazu tun? In: Breyer, C., Fohrer, G., Goschler, W., Heger, M., Kießling, C. & Ratz, C. (Hrsg.) (2012): Sonderpädagogik und Inklusion. Oberhausen: Athena, 245–256.

Weiß, H. (2013): Inklusion in frühpädagogischen Einrichtungen – Spannungsfelder und Widersprüche. In: Frühe Bildung 2 (Jg.), H. 4, 212–215.

WHO (2011): Weltbericht Behinderung. Weltgesundheitsorganisation. Genf: WHO-Press.

Wilhelm, M. & Bintinger, G. (2001): Schulentwicklung unter dem Aspekt der Inklusion. In: Behinderte in Familie, Schule und Gesellschaft 24 (Jg.), H. 2, 44–50.

Willmann, M. (2012): De-Psychologisierung und Professionalisierung der Sonderpädagogik. Kritik und Perspektiven einer Pädagogik für »schwierige« Kinder. München: Reinhardt.

Winkelmann, U. (2012): Das deutsche Schulsystem versagt. Gnadenlos ungerecht. TAZ vom 11.3.2012. In: http://www.taz.de/!89382/

Wocken, H. (1990): Sonderpädagogisches Förderzentrum. In: Institut für Behindertenpädagogik der Universität Hamburg (Hrsg.): Beiträge zur integrativen Pädagogik. Hamburg: Hamburger Buchwerkstatt, 33–60.

Wocken, H. (2011a): Über die Entkernung der Behindertenrechtskonvention. Ein deutsches Trauerspiel in 14 Akten, mit einem Vorspiel und einem Abgesang. In: Zeitschrift für Inklusion-online 6 (Jg.), H. 4, 1–28.

Wocken, H. (2011b): Rettet die Sonderschulen? – Rettet die Menschenrechte! Ein Appell zu einem differenzierten Diskurs über Dekategorisierung. In: Inklusion-Online 6 (Jg.), H. 4, 1–8.

Wocken, H. (2012): Das Haus der inklusiven Schule. Baustellen – Baupläne – Bausteine. Hamburg: Feldhaus.

Wössmann, L. (2007): Frühe Selektion führt zu mehr Chancenungleichheit. Ergebnisse nationaler und internationaler Vergleiche. In: Pädagogik 59 (Jg.), H. 9, 46–51.

Wolf, R. (2012): Trend zu höheren Bildungsabschlüssen. Vom Entlasszeugnis der Volksschule zur Hochschulreife. In: Statistisches Monatsheft Baden-Württemberg, H. 4, 27–30.

Wurmser, L. (2005): »Das Auge ist's, was die Taten verwandelt. Das neugeborene Auge verwandelt die alte Tat«. Einige Gedanken zum Thema psychoanalytische Identität und Zeit. Forum der Psychoanalyse Bd. 21, H. 2, 130–141.

Zupp, G. (2009): Interview: Ist die inklusive Schule der Weg zur inklusiven Gesellschaft? In: Sprachheilarbeit 54 (Jg.), H. 5, 237–239.